不專精，讓我更多薪

比起專業，人們更願意為「真實」買單。
韓國最強上班族的「不完美更暢銷」賺錢模式。

上班族，身兼沒有藝術背景的裝置藝術家
尹相勛——著
陳宜慧——譯

大是文化

애매한 재능이 무기가 되는 순간 - 어제 쓸모없던 능력이 내일은 빛이 되는 마법

Contents

推薦語

過去總是被質疑「玩魔術方塊能做什麼」的我，要是能更早看到這本書就太好了！

很開心作者把這些成功的過程與技巧整理出來，提供思考的路徑給各位參考，而且第三章提及的內容，也確實都是我正在使用的方法。

本書推薦給懷疑自己會的東西究竟能做什麼，以及還不曉得自己才能是什麼的你。

——小時學盲解——魔術方塊教學平臺創辦人／洪啟倫

關於「能力」，人們普遍帶著高標準的刻板印象來認定，作者的成長歷程中並未有過藝術相關經歷，卻在進入社會後，成為了上班族裝置藝術家！

不專精，讓我更多薪

正苦於探索自己具備哪些出眾才能，或是因擁有不夠專精的才能和興趣而感到悲觀的你，現在就跟隨著作者的筆觸，從化解你心中的自我懷疑開始，經由具體可實踐的方法，找出你早已具備卻被隱藏起來的平凡才能與觀點，並進一步創造出不平凡的經驗與成果。

斜槓經營自媒體的我，深刻的體會到，我們正身處一個能夠將看似平凡與不可能化為可能的時代，如果你願意開始擁抱自己的多樣性，這本書必定能為你帶來巨大的轉變！

IG創作者／Neil 習慣力

前言
看似無價值的能力，如何變現？

「該如何將還不夠出眾的能力變成賺錢武器呢？」大家初次看到這句話時，最先想到什麼？

每當我說，不純熟的才能也能成為武器時，馬上會有人認為這只是安慰，或懷疑這根本不可能。但是我可以肯定的是，我們之所以有這樣的煩惱，是源於「這種才華無用處，所以馬上就放棄」的心態。

才能即使不專精，也可能會有用處，甚至超越卓越，然而，我們卻被「只有專業才有用」的偏見束縛，無法發現其用途。時代正在迅速變化，人們的標準和價值觀也隨之改變，如今，「過去被忽視的能力也會被重視」的時代已經到來。

你應該把你的這些能力，變成「人們會好奇」的創意。是的，本書要說的就是**將看似平凡且無價值的能力、領域和興趣，轉化為人們好奇且有熱烈反應的商**

品或內容，並說明如何簡單又有效的鍛鍊這些本領。

重點不在於該能力有多突出，而是有多讓人好奇，容易讓人產生共鳴和理解的才能，才是會讓人產生好奇心的最佳材料。

本書能讓即使有想做的事，也因為缺乏天賦而放棄的人再次燃起希望，並相信自己，進而去追求自己想要的生活。

對因為不確定的未來而徹夜難眠的人來說，本書能帶給他們安全感和信心；也能告訴那些因不清楚自己喜歡什麼而徬徨的人，如何尋找並開發出自己想做的事。

從現在起，讓我們一起展開，奮力將不夠專業的能力，轉化為賺錢武器吧！

第 **1** 章

因為不專精，反而跟市場更靠近

01 不用專精，沾到邊就足夠

「你在班上排第幾名？」我在國中、高中時期都無法自信的回答這個問題。突然被別人問到這個問題，我總會認為，這會突顯出我的學習能力不足，學生時代最重要的就是學習力，但是我並沒特別厲害。

由於我也沒有其他的才能，所以也沒辦法自信的說：「雖然我的學習能力普通，但是我有其他擅長的事！」我投入一個興趣或愛好，往往不會超過一個月。

之前韓國曾有御宅[1]熱潮，所以出現了「人要做自己喜歡的工作」的價值觀，因而讓大家開始關注「興趣之重要性」。看到強烈喜歡某件事也能成為關注焦點，我開始討厭沒有特別喜歡什麼東西的自己。

我拚命思考自己究竟有沒有什麼特別之處，但是最終沒有任何結果。如果有人問我會什麼和擅長的事，雖然我表面上會裝作若無其事，但是嘴角會自然而然往下垂，視線也會開始飄移，藉此呼攏過去。

電影《樂來越愛你》（*La La Land*）的女主角美雅（Mia）這樣說：「有些人沒有才華，只有滿腔想做事的熱情，我也是這樣的人之一。」但是仔細分析這句話後，我認為擁有那種滿滿的熱情也是一種卓越的才能，不像我，在所有方面都只是中庸。

我無論是才華、熱情還是努力值，都很模糊、不明確。後來我發現，並不是只有我一個人有這樣的煩惱。

有些人因為在學生時代學習能力佳，所以上了好大學，畢業後進入人人都想去的大企業，擁有穩定的薪資，卻依舊在煩惱自己的能力不夠專精，所以選擇逃避並壓抑自己。

但是仔細想想，擁有這樣的本領對當事人來說，才是做起來最舒服、最沒負擔，並且可以長時間享受的事。儘管如此，我們仍然常煩惱，因為我們認為能力的高低是決定成就的絕對因素，但果真如此嗎？當然不是。

1 Otaku，一九七〇年代在日本誕生的新造詞，主要專指流行文化愛好者。

現在已經不是擁有特別厲害的才幹就能稱霸全場的時代了，而這一點就是「不出眾的能力成為賺錢武器」的出發點。**不要再因為自己那不精通的才能而苦惱了，有沾到邊就足夠了**，不需要做到傑出，如果你懷疑這是否為真，那麼請從現在開始認真看看，接下來可能改變你觀點的論述吧！

02 比起卓越，人們更喜歡真實

「如果我也有那樣的才華該有多好？做自己想做的事就能賺很多錢……。」一起吃飯的同事，看到電視上以驚人的唱功表演的歌手後，吐出了這樣的話。

我希望成為有名的體育明星、擁有傑出唱功的歌手，或是有顆能輕易解決難題的腦袋。大家一定曾羨慕在特定領域發揮專長的人，也夢想自己能擁有令人羨慕的才能。那麼，人們是如何看待「不專業的能力」呢？

韓國有句俗話說：「本領高就能靠此吃飯。」人們普遍不看好中庸的實力和才略，再加上廣而不精的刻板印象，導致大家更輕視這樣的能力。然而，不只是韓國，連阿拉伯文化圈也有「多才多藝意味著沒有特別才能」的格言；西班牙人認為「想要精通很多事情的人，最終什麼都無法上手」；越南則有「比起涉獵九件事，做好一件事更好」的說法。

這種對多元才能的否定態度是超越國界的，也就是說，多數人都認為，成為一個領域的專家，或在某個領域持續努力才是人生的正確答案，而對於多個領域都感興趣，實力普普或無法超過一定水準則是錯誤的。

那麼，這種才能真的是悲傷的詛咒，或只是自我滿足而已嗎？

成為某領域的頂尖專家是接近理想生活的方法之一，這一點並沒有錯，但是我們擁有的**多元才能和興趣，絕對不是不幸的根源或沒用的能力，相反的，這反而是我們需要專注培養的核心力量。**

看到這樣的主張，可能會有人批評我不像話，如果正在讀本書的你也有這樣的反應，請不要錯過接下來我要說的話。

為了理解我的主張，有必要正視我們現正所處的時代。提到這個，可能會有人想到人工智慧、行動網路等各種科技用詞，我們先將這些擱在一邊，來看看我們日常生活中的現象和感受。

現代人很難想像沒有智慧型手機的生活，智慧型手機已經超越了單純的電子產品，成為生活的一部分。我們花最多時間用手機做什麼呢？不久前，我看了一篇名為〈韓國人沉迷 YouTube〉的報導。

根據報導內容，每十名韓國人中就有八名使用 YouTube，用戶每個月平均觀看時數約三十小時；被稱為國民社交軟體的 Kakao Talk，每個月每人平均使用約十二小時；韓國最大的搜尋引擎入口網站 Naver 的使用時間為十．二小時；臉書為十一．七小時；IG 則為七．五小時。

由此可見，大多數韓國國民花在 YouTube 上的時間最多。YouTube 上的內容包羅萬象，甚至還有人上傳睡覺的影片來吸引訂閱者的情況，那麼，產出這些多樣內容的創作者都是些什麼樣的人？只有廚師才能做料理的影片？歷史老師和學者只能製作歷史相關內容嗎？完全不是。

大部分都是跟你我一樣的普通人，就自己喜歡的領域，製作水準一般的影片。平凡的家庭主婦透過評論家電產品，吸引了近三十萬的訂閱者，每年的廣告銷售額相當於中小企業的銷售額。這種普通人之所以能受到大眾關注，並藉此獲得收益，並不是因為她們擁有家電相關的淵博知識，或是對該領域有優越的見解和才能。

比起以某領域的優秀才能為基礎所產出的資訊，運用不純熟的才華製作的內容，會得到更多人的響應。現今上傳到 YouTube 的大多數影片都是如此，而我們也每天都在消費這樣的內容。

這種趨勢不僅反映在 YouTube 上，在出版業也是如此。過去，書籍被認為是需要卓越才幹的市場，作者們應具備優秀的寫作能力，或具有相關領域的權威、名聲，但是現在並非如此。

一般上班族寫的書成為暢銷書的情況時常發生，消費這種書的大眾不是單純因為作者的寫作能力才購買書籍。而且不僅是出版業，藝術過去也是受才能影響較大的領域，然而，現在有從未學過藝術的普通白領族受到媒體關注，不只在國內著名畫廊舉辦個展，甚至在海外舉行展覽。

是的，在這個時代，才能已經從決定成果的「絕對」要素，轉變為「部分」要素。現今不是單以才幹高下創造成果的時代，所以原本看似不起眼的能力，例如很會吃飯的大胃王，可能比以優異成績畢業於韓國一流大學的人，更能接近自己想要的生活。

現代信用卡公司的副總裁鄭泰永，在一所大學的畢業賀詞中說了這樣的話：「比起通過司法考試，成為綜藝節目《無限挑戰》的成員更了不起。」這看似簡單的一句話中，包含了我想說的一切。

在此基礎上，我想進一步說明更多觀念。現在是無論做什麼都不費心力的時代，如果你急著想將自己的簡歷翻譯成西班牙語該怎麼辦？很簡單，打開手機應用程式「Kmong」[2]，上傳需要翻譯的文件和報價，並從回覆報價的人之中，選擇經歷和價格都合你意的人後付款就可以了。

我們可以像這樣，用自己可負擔的費用輕鬆找到並選擇賣家。

另外，現在即使不親自去特定城市或地區，也能知道那個地方的每個巷弄和氛圍，就像坐上飛機一樣，我們可以從天空俯瞰整個城市，並仔細觀察。只要你想，你就能在自己的房間看到北京七九八藝術區入口有什麼樣的建築物和畫廊，也可以輕鬆找到德國柏林市政府附近的高評價餐廳。

此外，只要用一個入口網站的ＩＤ（Identity，身分）就可以經營線上商店；無法製作專業的影片，也能成為YouTuber；現在甚至不用雇用外送員，也可以經營外送餐廳。

藉由網路和行動平臺的多樣化服務，可以劃時代的減少進行新嘗試或挑戰

2 韓國線上接案平臺。

時，所需的時間和努力，所以擁有並使用這些平臺就能為自己創造巨大的機會。

於此，統整一下我前面的論述，在這個時代，**維生工具已經不再單看一流大學的畢業證書，而是看重能否用平凡的才能創造出不平凡的成果。**同時，我們是擁有付出較少的努力和成本，也能實現理想生活的一代，也就是說，我們有很多方法可以達成自己想要的生活和目標。

然而，許多人在實踐前，仍只考慮自己的實力和才氣因此卻步。例如：「英語比我好的人更多，誰會看我製作的內容呢？」或是「有許多人比我更有熱情，我這樣的水準是不行的。」等。

如果你現在還有這樣的想法，請趕快甩開這些負面思緒，並積極抓住機會。已經領悟的人會發現重點不是自己具備多少本領，而是如何利用，並思考：「所以，我到底能用這些才能做些什麼呢？」

03 先做該做的事，再做想做的事

很多人每次都在「想做的事」和「該做的事」之間苦惱，他們總是認為如果在某個領域沒有格外傑出，無論做什麼都會留下遺憾。要是選擇自己想做的事，就會擔心現實和不確定的未來。相反的，若選擇自己該做的事，就會遠離自己想要的生活。

有一種強而有力的東西，可以讓我們擺脫這種進退兩難的困境，那就是我們擁有的「多元興趣、技能」。如果我們能好好利用它，做自己想做的事情時就不會感到不安，也可以藉由做自己該做的事情，保持對想做的事情的心動。

但是，在運用這些才能之前，我們有必備的條件。

不久前，我在加班後回家的路上，被炸雞的味道吸引而停住了腳步，隨後，我進到炸雞店問：「請問要等很久嗎？」聽到老闆娘說馬上會好，我就點了一隻炸全雞。我在等取餐時，聽到坐在對桌兩個看似平凡的男人的對話。

「剛進公司時，即使壓力大我也繼續撐下去，久了就適應了。一晃眼居然就過了將近十年，真是可怕，也許以後我會後悔年輕時，沒有追尋並嘗試自己喜歡的東西，只滿足於安穩的生活。」

「哎呀，就算是這樣，也不能馬上辭職去追求夢想吧！雖然做自己喜歡的事很好，但是這樣就得擔心生活費……。」

「對啊，所以我就繼續在公司上班……但是可以確定的是，我每天都被公司困住，只期待休假和發薪日。唉，不說了，喝一杯吧！」

聽著他們的對話，我深有同感並想著：「是的，對我們這一代的上班族來說，有穩定的工作並不是人生的全部。」

身為上班族的我們，必須將每天只是在耗著的感覺，轉變為填滿每一天的感覺，才能感受到生活的意義，在炸雞店遇到的兩個上班族也和我有同樣的想法。

「我們能一邊上班，一邊找到自己的夢想嗎？要一邊上班，一邊做自己想做的事很難吧！」我在陷入沉思的過程中，炸雞好了，我接過老闆娘遞過來的炸雞，並打起精神準備回家。

回家後，我換了衣服坐在餐桌前，邊吃炸雞邊找想看的影片，突然一張華麗的電影海報映入眼簾，我毫不猶豫的按下播放鍵。那部影片是描述首爾龐克搖滾樂團的紀錄片《窮有未來》（*No Money, No Future*）。

「龐克是生氣時創造的音樂。情緒過分濃烈，這就是龐克。」

正如紀錄片中的角色所說，影片中不斷響起節拍紊亂的鼓和貝斯聲，伴隨著哭喊般的吶喊聲，我甚至不知道他們是在唱歌，還是在嘶吼。樂團主唱每次演出時，都會用手中的麥克風砸自己的額頭，讓臉變得血淋淋的，如果不是透過紀錄片接觸，一般大眾很難碰到這種音樂類型，畢竟它充滿憤怒感，所以站在普通人的立場，要喜歡這樣的音樂本身就是一種挑戰。

但是，影片中的角色們相信自己的才能，並選擇此作為自己的工作，那個樣子真的很帥氣。他們唱歌時，很多粉絲也會跟著一起唱，他們在韓國的樂團中很有名氣，還受邀到日本演出。

看著他們表演的模樣，我發現了龐克樂團和普通上班族之間的對比和共同之處。他們必須拖著疲憊的身體兼職其他工作，包含裝修師傅、電影拍攝工作人員、餐飲服務生等，在舞臺下的他們也必須為了生計而勞動。

樂團成員們都以喜歡的事為工作，但是他們並不只做喜歡的事。他們以龐克樂團為自己的主業，獲得了可以充分投入做音樂的時間，以及可以在自己想要的地方唱歌的移動自由，但是**即使選擇從事喜歡的工作，如果不能確保生計，還是得兼職**。

我在炸雞店聽到的上班族對話，以及紀錄片中龐克樂團的生活片段給我帶來重要的啟示，那就是為了過上幸福的生活，我們一定要找到激勵內心的事物。

確保生計無虞，再發展副業

如果全職工作做喜歡的事，雖然自己可以確保完全投入的時間和移動自由，卻會對生計感到不安。相反的，成為上班族雖然可以確保生活費，但是時間和自由卻會受到限制。

這裡需要思考的是生計的意義。無論我們擁有多少時間和自由，如果不能透過這些創造出某種價值，就無法維持基本生活；相反的，若存摺上突然出現五十億韓元（按：約新臺幣一億一千七百多萬元，全書韓元兌新臺幣之匯率，皆以臺灣銀行在二〇二二年十二月公告之均價〇．〇二一元為準），即使不上班，一天二十四小時中，用二十小時製作歌曲，或全心投入準備演出，也完全沒問題。

如果我們有充足的生活費，自然就能保障時間和自由，如果做不到，就無法得到其他兩者。也就是說，確保生計是支配其他兩者的核心，如果你放不下某件可以為此拋下一切的事，或是有自信以卓越的才幹，在短時間內成功籌到生活費，就應該去做自己喜歡的事。

但是如果做不到，請在確保一定水準的基本生活費後，增加投入喜歡事物的時間才是明智的方法。請務必穩住核心，只有這樣才不會動搖，並能長久走下去。

還有一個我們必須先籌得穩固生活費的理由。

現在已經沒有能在某家公司工作一輩子的概念了。我們的父母那一代獻身職場，是因為有雇用保障以作為對奉獻的補償。當時，韓國正在快速發展，是個只要好好存錢就能買得起房子的時代，但是今非昔比。

在現代，為公司盲目犧牲奉獻不再是美德，而是愚蠢。最近，隨著被資遣的焦慮以及每週工作時數要滿五十二小時等壓力，下班後做別的工作成為聰明和令人羨慕的選擇。

現在的上班族，都在煩惱下班時間要如何有效的做副業或自我開發。為了籌集穩定的生活費，我們選擇上班，但是我們可以利用下班時間充分投入自己想做的事，這就是我們要先確保生活費的原因。

這裡所說的籌集生活費來做想做的副業，是利用不專業之能力的第一步，如果大家每天努力上班，每個月都拿到工資，就已經充分做好盡情做理想工作的準備。

有的上班族因此成為暢銷作家，或是做自己喜歡的音樂並發行唱片；也有公務員抽空運動，成為職業格鬥選手，並受邀上電視節目。那些人維持本職，在安定的生活中培養自己不純熟的才能，並創造出成果。

現在輪到你了！**如果有真正想做的事，首先要做好該做的事，才不會在做想做的事情時感到焦慮，並能持續感到心動。**

在本章，我打破了大家對才能廣而不精的偏見，並簡單介紹如何藉由這樣的能力達到想要的成果。

下一章，我將正式講述何謂算是不專精、看似不怎樣的才能，以及該如何運用這種能力。

第 2 章

我如何用不專精的能力賺錢？

01 教人如何削鉛筆也能出書？

我在做筆記時，比起原子筆更喜歡用鉛筆，因為其寫出來的石墨痕跡和特有的木香非常好聞。我在握著鉛筆寫文章時，往往會產生更好的想法、創意以及自信心。

鉛筆不僅讓我在寫東西時感到愉快，在削鉛筆時也為我帶來快樂。雖然有些人會覺得麻煩，但是集中精神將鉛筆削尖其實像在休息。因為太喜歡用鉛筆，所以我經常購買並搜尋相關資訊，在此過程中，有個人引起我的注意。

在談論這號人物之前，我先問大家一個問題：「你覺得很會削鉛筆這種能力有用嗎？」我這邊說的不是在鉛筆芯上做精美的雕刻，就只是把鉛筆削好而已。大多數人可能會說：「別說鉛筆了，在這個就連原子筆都不怎麼用的時代，這是毫無用處的能力。」

然而，有人就是因為這種才幹而備受關注。美國漫畫家大衛・里斯（David Thomas Rees）被稱為削鉛筆專家，他的書《如何削鉛筆》（*How to sharpen pencils*）在韓國翻譯出版，他也多次被媒體介紹。

這讓我對他更加好奇，於是我買了該本書。該書分階段詳細說明削鉛筆位置的選定、如何下第一刀、打磨石墨等削鉛筆的方法，全書由準備的物品、熱身方法、和孩子們一起削鉛筆的方法等十八個章節所組成。

里斯不只單純出書說明如何削鉛筆，他還出售自己削的鉛筆，而且價格高昂。他削的鉛筆售價為一百二十美元（按：約新臺幣三千八百二十元，全書韓元兌新臺幣之匯率，皆以臺灣銀行在二〇二二年十一月公告之均價三十一元為準）。一枝鉛筆竟然要價這麼高，真讓人瞠目結舌。

據說，執導電影《雲端情人》（*Her*）的史派克・瓊斯（Spike Jonze），以及漫畫《睡魔》（*The Sandman*）的作者尼爾・蓋曼（Neil Gaiman）等，都曾買里斯削的鉛筆並極力稱讚。

那麼，里斯真的是很會削鉛筆的人嗎？事實上定義很模糊，他原本的職業是漫畫家，並非有名的雕刻家。如果僅從削鉛筆的才能來看，主修雕刻的學生會削得更精巧。

過去的我，以為只有優秀專家才能寫出相關領域的書籍、製作相關的物品並銷售給名人，但是透過這個例子，我發現在平凡的領域裡也可以靠著不精通的能力獲得成功。

沒人認為削鉛筆有什麼了不起，但是里斯僅憑這個看似不中用的才能成功了。

那麼，我們該如何利用這樣的能力，創造出足以撼動常識的強大力量呢？重點不在於其水準和領域，而是能掌握並運用，將其發揮成強大的賺錢武器。

02 啊！要是這輩子能只做這個就好了

我高中讀的是高工，大學就讀地方私立大學管理系，出社會後在物流公司上班，完全沒學過美術。

我只是每兩個月會去看一次美術展覽，也喜歡觀看藝術相關內容的書籍和YouTube。我常常想著，總有一天也要成為藝術家並展示自己的作品，所以我一有空就在筆記本上寫下創作的點子。

僅憑這些背景和喜愛程度，我能否成為理想的創作者呢？大部分的人都會覺得很難辦到。以前，我曾認為藝術領域是天賦決定一切，所以和多數人一樣認為自己難以成為藝術家。

但是反過來想，如果我能用這一丁點能力在藝術領域創造出想要的結果，我將成為「用不精通的才幹成功」的最佳案例。

每個人在觀賞自己喜歡的電影、旅行，或從事感興趣的活動時，都不免會想著：「啊，要是這輩子能只做這個就好了！」但是大部分的人都會迫於現實的阻礙，而從腦中抹去理想。我也曾這麼想，而且還想得非常用力。

那是一個寒冷的秋日下午，我在家正感到無聊時，想到了釜山雙年展（Busan Biennale）[3]，所以去了趟釜山市立美術館。那是我生平第一次去美術館，也是首次花錢看藝術作品。

在展場中，我看到有個展品的展現方式是，將日常生活中經常看到的書籍散落一地，也有在建築物中央掛上各式勺子的展品。看到這些，也許有人會想：「這也算是藝術？」但是這個可能讓人覺得像在開玩笑的展覽，卻帶給我巨大的衝擊：

「哇，這些也能成為藝術作品，原來還可以這樣表達自己的想法啊！」

我一直以為美術只有具有天分的人才能做的刻板印象，頓時就像被堅硬的棒球擊中的玻璃窗碎光光。這些作品看起來真有趣，我也好想學習藝術。那天，我對藝術一見鍾情，我真正想嘗試的東西也隨之誕生。

當時的我連「裝置藝術」是什麼都不知道。那是我大三時發生的事，我正對前途感到徬徨，主修管理學的我，在看完該作品後感受到很大的衝擊，心情非常激動，但是那時，我完全不知道該怎麼開始。

過去二十幾年來，我過著與藝術毫無關係的生活，這樣的我突然想成為藝術家，不知該從何著手是理所當然的。但是不知道為什麼，我確信，如果我能親自做出如同那展品一樣的藝術，我會變得更幸福。

從那天起，我閱讀了許多與裝置藝術相關的書籍，並獨自構思作品。雖然我從未學過藝術，但是我仍湧現出很多有趣的創意和設置方式。我向身邊的人講述這些想法時，他們也都很感興趣，這讓我產生了也許我很有才華的錯覺。

話雖如此，想到藝術家的生活必須準備很多東西，要背負的心理負擔一定相當大。大學畢業的我希望能有穩定的收入，成為心愛家人堅實的後盾，所以比起

3 於韓國釜山舉行，為一年兩次的國際當代藝術展覽。釜山雙年展在偶數年舉行，由釜山市和釜山雙年展組委會主辦。

胡思亂想，準備就業似乎更明智。

冷靜看待我的裝置藝術能力，我發現自己的熱情和實力都太低了，所以最終我得出了現在不可能實現的結論，那麼，接下來我該怎麼做呢？

先說結果，我現在成了一名裝置藝術家。二〇一七年十一月，我在首爾通義洞的「Gallery palais de seoul」，舉行了名為「入職一年的唐吉軻德」的首次裝置藝術個展。

我初次辦個展就受到很多關注，不僅接受了媒體的採訪，還出現在Naver首頁和新聞上，此後，我每年都會舉行許多作品活動。

二〇二〇年一月，我在臺灣臺北的田園城市藝文空間，舉辦了為期兩週的「入職四年的唐吉軻德」裝置藝術個展。我從成為上班族的第一年，就開始從事裝置藝術活動，不僅在韓國國內，還到國外進行展覽，我成了藝術家。

我能夠堅持做下去的最大理由是什麼？是我的興趣被認可是厲害的才能嗎？絕對不是那樣。那麼，我是透過什麼方法租借畫廊，受到媒體關注，甚至在國外舉辦展覽呢？

想成為藝術家，首先要具備一些東西——作品、觀眾、場地和身為藝術家的認同感。多數人都認為，只有藝術才能超過一定水準才能具備這些要素，但並非如此。只要知道準備這些的觀念和要領，就可以順應現實，將上班作為我準備這些東西的動力。

每當我說：「我為了當藝術家而成為上班族」時，很多人都會以為我在開玩笑。如果是想學藝術的人，通常都會進入研究所，或尋找美術相關的工作，像我這樣為了藝術而成為白領族的人只會被當作笑話。

然而，讀過前一章的你，一定能理解我為什麼會做出這樣的選擇。與其成為專業的藝術家，並為了生計不得不做別的工作，還不如為生計打下堅實的基礎後，在這個基礎上開出自己想要的花。

我的創作靈感來自職場

換句話說，**為了開發不專精的才能，我把上班當成我的安全裝置。我努力進入能維持穩定生活的好公司，拿著一定程度的收入，下班後我可以毫無煩惱的專注於作品。**如果我是沒沒無聞的藝術家，可能常常會被製作費和生活費扯後腿；

上班族則可以不受費用限制，自由表現自己想表達的東西。也就是說，如果有想展示你成品的畫廊，可以放心詢問租借費用並租借。

不僅如此，藝術家必須有靈感，以我為例，多數靈感和創意是與陌生的情緒和情況相遇後產生的，而能讓我每天持續感受到這種陌生的地方，很諷刺的是我每天的生活舞臺，也就是公司。

仔細想想就能發現，平凡的我們，除了職場，還能在哪遇到各種情緒和各式各樣的人？雖然**我們每天看似過著一樣的生活，但是仔細觀察就能發現，許多人聚在一起時，能編織出不同的狀況、情緒和想法，我工作時經常因此產生靈感。**

「啊，如果想把這份心情用一幅畫或一個空間表達出來，就應該是這樣。」

事實上，**我第一次舉行展覽的十個展品都是透過職場生活，以及上、下班時，感受到的情感和靈感所完成的。**對我而言，在菜鳥時期，不用看任何人眼色就能暫時休息的狹窄廁所就像天堂，每天早上看著衣架也讓我產生新的靈感。

就這樣，職場生活給從未學過藝術的我，帶來無數的情緒和情境，因而成了培養靈感的孵化器。不只有我這麼想，被稱為「熱情瘋子」的美國詩人查理・布考斯基（Charles Bukowski）在他的著作中也留下這樣的話：

> 我認識的大部分詩人都有一個問題，那就是他們從未踏入職場，並且每天上班八小時。沒有什麼方法能比八小時的勞動更貼近現實了。（中略）他們的文章沒有生活、沒有重點，沒有真實的內容，比什麼都無聊。儘管很符合流行。
>
> 選自《如何成為一名好寫手》（*how to be a great writer*），〈吃紙的白蟻〉。

第二重要的就是觀眾，像公司一樣八卦傳播迅速，到處都議論紛紛的地方也不多見，許多消息總是一晃眼就傳開了。另外，在職場中，無論我們喜歡與否，都會和很多人建立關係，這意味著可以藉此輕鬆快速的宣傳作品和展覽。

對於無名藝術家來說，每一位觀眾都是非常珍貴的。**在我生疏籌辦的首次展覽上，最先趕來觀看展品的人是我的同事。**

公司讓我擁有上班族藝術家的身分。如果當時我先進藝術研究所，或尋找藝術相關工作的話會怎麼樣？我想都不敢想。因為有這個身分，我從第一次展覽就受到媒體的關注，國外展覽也獲得了成功。

在臺灣，透過口譯員向臺灣觀眾介紹我的作品並與他們交流時，我真的感覺自己像在作夢，我沒有任何藝術背景卻可以成為藝術家，還跨出韓國向外國人講述自己的作品，現在想起來仍讓我非常激動。

能夠製造這種激昂心情和雀躍的理由非常明確，我不是成功於用巨大的努力，將自己不足的能力提升為突出的才能，而是利用對裝置藝術的興趣，以及職場這個平凡的環境，滿足了成為藝術家所需的條件，因為我知道如何把興趣轉化為機會的方法。只要知道此方法，無論是誰，不論處在什麼環境下，都能將非專業的興趣或技術變成賺錢武器。

03 重點不是專精，而是成為「第一個」

「我進入公司已經有一段時間了，現在也適應得差不多了，怎麼還是這麼空虛呢？」

「你是不是因為太閒了？」

「其他人休假日似乎也很忙碌，只有我閒閒沒事做……真讓人不安，你不也忙著搞藝術，投入在自己想做的事情上嗎？」

「嗯，是啊。」

「所以，我也想在下班時間嘗試一些有意義的事或活動，但不知該怎麼開始才好……。」

以上是我和同期進公司的同事的對話。他正煩惱下班後該做些什麼，雖然想經營YouTube或部落格，但是完全不知道要做什麼主題。我知道他經常去歐美旅行，也喜歡說英文，所以建議他製作英語相關的內容，但是他卻面露難色，因為他對自己平庸的多益成績感到不滿。

「最近準備就業的學生們，多益分數往往都超過九百分，像我這樣七百分左右的分數真的很沒用。我無論怎麼努力都考不到八百分，用那種分數能做什麼英語相關內容？別人會嘲笑我吧？」

聽了他的故事後，我發現讓人眼睛為之一亮的部分，那就是他的多益分數不到八百分，但是他第一次考差後，才三個月就上升到七百分。我提議以「三個月考到多益七百分」為主題寫文章或創作內容。

從升遷、公家機關就職和檢定考等標準來看，多益成績不需要八、九百分，通常只要七百分就能通過了，所以比起考高分的經驗，應該有很多人更好奇如何快速考取七百分。

同事聽到我的建議後，拍手點頭表示喜歡這個點子，於是他開始製作相關的線下社群和網路講座計畫，並積極準備中。

我能改變消極同事態度的要素是什麼呢？透過平凡的能力和環境創造出與眾不同結果的案例有什麼共同點？就是找出亮點。

假設你面前有兩名大學生，學生A過去一年一邊上學，一邊在餐廳打工；學生B則每個月做兩份不同的打工，所以在過去一年裡少說也累積了二十個經歷。一年內只打一份工的大學生，以及一年內有二十個打工經歷的大學生，你更好奇哪個人過去一年的生活呢？

另外，如果你想尋求打工的建議，或對打工有疑問，你會想問誰呢？多數人都會選擇問學生B。

這邊出現了第一個亮點，一年打二十份工的B和只做一份工的A，賺的錢可能差不多。當然，學生B比學生A更勤奮，而且要忍受每次重找打工的麻煩，每個月要重新找一、兩個打工機會，要付出很多的努力、時間和費用。

但是他比只在一個地方工作的人更容易體驗新事物，或結交不同的人。如果你喜歡體驗不同的事物並與人交往，光是這樣就很值得了。

第二個亮點，如果想在一年內找二十份打工，就需要知道找好工作的方法、了解各種的雇主類型、尋找適合兼顧學業的工作等，這些都能累積自己對兼職工作不同層面的認識。

這些與眾不同的經驗可以使人成為相關資訊的「第一位生產者」，例如可以創作「一年內做二十份打工時，需要避開的雇主類型」等內容。無論是寫文章、拍影片上傳，還是以「card news」[4]的形式上傳到社群網站，方法無窮無盡，還可以進一步經營「避開不道德雇主」、「尋找好兼職的商務活動」或是社群。

這些資訊與擁有勞動領域博士學位或教師資格證的人，所提供的內容完全不同，因為那是以親自打工累積的經驗為基礎所製作的內容，如果是正在找打工，或是因為惡老闆而受苦的人一定會感興趣。

另外，猶豫是否要尋求勞動諮詢的人也會很需要學生B。其實，比別人多打幾份工可能並不特別，但是進一步運用自己的經驗時，即使擁有的是打工這個平凡的主題和體驗，也能充分產出有魅力的內容。

我想表達的是，**重點不是專業，而是成為第一位**，在里斯之前沒有「削鉛筆匠人」這種工作，所以他就是第一個創作鉛筆系統化知識生產者；在我以上班族藝術家的頭銜活動之前，也從未有白領上班族以藝術家的身分活動過。

我同事想創作的英語內容也是，他不是要告訴大家多益考高分的方法，而是做只有他才能做的——三個月內快速獲得多益七百分的技巧。

世界上有許多人談論如何考高分，但是幾乎沒人討論在短短三個月內快速獲得七百分的要領，如果我的同事以此為主題製作十堂英語課程，那麼他就能成為該主題的第一位資訊生產者。

在平凡中找亮點

另一方面，成為最初的資訊生產者意味著對該主題具有壟斷性地位，而想要獨占主題有兩種方法：以卓越的才能和專業性壟斷，或是以第一位提供內容的頭銜來占據。

想要以看似不怎麼樣的才能進行創作，應該像我之前提到的事例一樣，追求成為最初的資訊生產者。我們應該思考能夠壟斷一個主題的最初知識為何，這就

4 韓國新造詞，為圖像新聞的格式之一。

是重點。依此方向尋找並開發這些素材的過程，就是「不專精才能的運用法」。

到目前為止，大部分的人都只專注於專業化，努力追求更高的分數、更好的學位、更好的資格、更深的熱情以及更出色的實力。如果失敗，多數人往往就會放棄追求，但是能超越專業的是第一位。

如果談論過於專業的主題，大眾通常不會感興趣，多數人只想知道如何在智慧型手機下載應用程式，不會想知道智慧型手機是根據什麼系統和原理啟動的。**在這個時代，比專業性更重要的是簡單、大眾化、獨特且必要的內容。**

PD[5]出身，現為韓國知名YouTuber的申師任堂就是代表性的例子。他的專業領域是廣播製作，但是他受大眾喜愛的契機卻是智慧商店[6]。

他利用此主題，說明智慧商店相關資訊並使受眾產生動機，讓每個人都能輕鬆經營智慧商店。雖然這不是他的專業領域，但他以這個內容開始受到關注。

如果說專業化是數百人從同一起跑線跑向同一終點的馬拉松，那麼成為第一位創作者就是跑向不同終點的賽跑。**在我們成為最初生產者的瞬間，我們就擁有能超越卓越能力的最佳工具。**

除了前面介紹的例子之外，還有人利用上一年皮拉提斯課程的經歷、看日劇學到的日語實力、每週煮三次以上泡麵的飲食習慣，甚至是報名了六個月的健身房會員，卻只使用二十天的經驗等進行創作。

舉例來說，看日劇學到的日語能做什麼？撇開文法上要完美，也能製作出充分融入日本人實際使用的語言特點和文化背景的內容。

我去日本旅行時，喜歡日劇的朋友告訴我的祕訣就起了很大的幫助。例如，謝謝的標準日文是「阿里嘎豆狗紮怡碼絲」（ありがとうございます），但是在青年旅館與同齡的年輕人交談時，如果說：「阿紮絲」（按：あざす，通常只有男性使用）會更容易與大家親近。

我在和日本人交談時，使用從朋友那裡學到的新造詞，對方都感到很驚訝，也因此變親近了。

以上，以短途旅行的會話文章，或是交日本朋友必懂的日語新造詞為主題製

---

5 監製、總監。
6 目前關於智慧型商店的定義相當分歧，簡而言之，就是在實體商店內，運用資通訊科技建構創新互動的購買過程。

作內容、進行銷售或組織小型活動，就能成為首位知識生產者。

另一個例子是，用喜歡吃泡麵的習慣建構出讓人驚訝的知識。每次用不同的湯煮同樣的泡麵，並說出差異點和更好的食譜也能創作出第一手知識。另外，根據各泡麵品牌，推薦最搭配的小菜或泡菜種類也是方法之一。

你問我報名六個月的健身會員卻只去了二十天能做什麼？請思考一下，六個月內只去了二十天，那麼這二十天必定是很特別的日子。在極度不運動的情況下，抽空去運動的日子肯定有什麼理由或共同點，我們可以尋找並利用這些特點，成為第一個創作出相關知識的人。

就像這樣，把重點放在成為「第一位」，而不是專業上，平凡才能產出獨特內容的機率就會大大增加。每個人都可以透過普通的經驗、平庸的技術、知識或興趣成為數十種知識的首位創作者。

不專精的才能不是單純意指可以分享的技術、資格和知識。請記住，平庸的經歷、關係、可利用的環境也包含在這個範疇內。非專業的才幹是在看似不起眼的技術、知識、興趣、環境和愛好中，尋找並開發出人們好奇且需要的知識素材。

現在，是時候尋找你具有哪些不精通的才能。

04 所謂的「不專精」，如何定義？

現在，我們已經大概知道尋找這種才能的方向，但是為了發掘專屬自己的不專業才華，我們需要更明確的定義以下三種標準。

第一個標準是，雖然要炫耀可能有些勉強，但是有人問起時，可以開心的與對方分享。例如，因為經常搬家才了解「尋找套房」的方法、因為長時間獨居才知道「用三千韓元做一頓飯」的方法、比別人更了解英格蘭足球超級聯賽（Premier League，簡稱英超聯或英超）或NBA等。

第二，雖然不是堅持不懈，但是有興趣也很享受其中的經驗，例如尋找氣氛佳的咖啡館、無聊時演奏吉他、一有空就去書店尋找新書、用 iPad 畫素描等。

第三是經歷少見的事件和狀況，比如報名六個月的健身房，卻只去了二十天；弄丟三次錢包卻三次都找回來的經驗等。

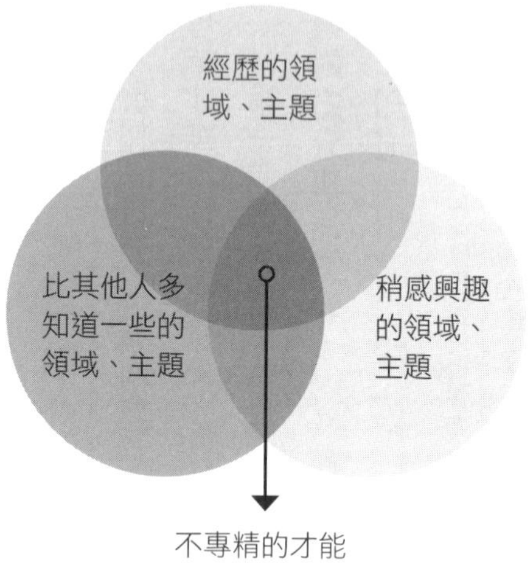

你沒有必要煩惱：「我有符合上圖所述嗎？」、「我擁有的能力好像不是這種才能吧？」、「這樣的經歷應該不行吧？」請記住，符合兩項以上的標準就算是不專精的能力。

例如，第一次看美劇的朋友問你該看些什麼，你有辦法告訴他嗎？雖然不是那麼瘋美劇，但是只要有新作品你就會看，或是每個週末都會看一次嗎？如果會的話，那就算。

你在便利商店打工，並且很喜歡便利商店的微波食品嗎？如果有人想挑選便利商店微波食品的最佳組合，你可以推薦他，那也算。或者你因為身體虛弱，每年經常去很多家醫院，那麼你應該知道避免去爛醫院的方法，或是如何選擇快速看診之醫院的要領，這些都算。

如果你腦中懷疑：「這也算是種能力嗎？」那就對了！**你經歷過的、稍有了解的、如果有人問起就能回答的各種技術、資訊、經驗和環境全都是。**

在這個時代，連削鉛筆也能出書賺錢，還有什麼是不可能的？重點是「我」。正如前面所說，是否做得比別人好並不是標準，不需要考慮水準，我們不是在尋找比別人更好的東西，而是找到自己感到舒服，想多了解的東西，並將其轉換成有魅力的內容。

請盡情放心的思考吧！有人問起時可以簡單分享，即使不堅持，偶爾做也能開心享受的東西，就是可以好好利用的才能。

判斷不專精能力之標準

1. 比別人多了解一點

雖然不到足以炫耀的程度，但是如果是不知道這個領域的人問起，可以和對方分享的資訊。

（例如美劇、NBA籃球、名牌產品系列等。）

2. 稍感興趣的東西

沒有很堅持，但是做的時候會很開心的領域或愛好。

（例如逛百貨公司、看獨立電影、看名牌產品評論、用iPad繪圖等。）

3. 少見的經歷

不常見，有人問起時可以分享的經歷。

（例如堅持做自己不喜歡的職務長達三年、身體不舒服一個月才去一次醫院、弄丟三次錢包但三次都找回的經驗等。）

那麼，從現在開始，我們進一步來深入了解，並發掘自己不精熟之才略的方法吧！

05 資訊量過多，你會做不了決定

思考前一節提及的標準時，你的腦中自然會想起相關的關鍵字或主題，請按照這個規則繼續整理自己的思緒吧！就像地下水越挖越清澈一樣，尋找這才能之過程也是如此，讓我們繼續深入挖掘吧！

請你想像週末下午你肚子餓，進入廚房後你會先做什麼？你應該會先翻找廚具，再從冰箱尋找可以料理的食材。開發不精熟能力的第一步，就像料理前要先進入廚房尋找食材一樣，我們首先要找出自己具有哪些感覺不中用的才能。

一九八〇年代初期到二〇〇〇年代初期出生的千禧世代，現在已經成為消費和經濟的主力。我也屬於這一代，我們的特點就像數位原住民一詞[7]所指，可以

7 Digital native，意指從小就生長在有各式數位產品環境的世代。

自由的操作IT（資訊科技）機器，也就是說我們在尋找和理解數位資訊方面沒有太大的困難。

不久前，我跟四位擁有這種資訊理解能力的朋友聚會，進行了以下的對話：

「喂，要吃什麼？」

「隨便，我找了一下附近的美食，發現了五、六個餐廳，就選一個去吧！」

「有哪些店？」

「烤羊肉串、生魚片、烤牛皺胃、辣燉雞、豬腳，這些都有很多評價，位置也都很近，你想吃什麼？」

「嗯……我都可以。」

「哪家的評分最高？」

「烤羊肉串店評分最高，就去那裡吧！」

「但是我們有四個人耶，從網友上傳到部落格的心得照片來看，那家店看起來有點窄，還是去寬敞一點的地方吧！」

「嗯，當然要去寬一點的地方啊。生魚片店應該不錯，那裡的座位很寬敞，看起來也很乾淨。」

「但剛才說的烤牛皺胃店非常有名耶，評論影片的觀看數超過了五十萬次！」

「對，我也看了上傳到YouTube的影片，那家店應該也很不錯。」

「打電話預訂看看吧，應該要等一段時間。」

「剛打了電話，店家說前面有八組在等，所以至少要等一個小時。」

「要等嗎？還是去別間？」

「去最近的豬腳店怎麼樣？」

「哎呀，可是好久沒像這樣聚在一起了，還是吃點好吃的吧！」

就這樣，四名三十多歲的男子坐在咖啡廳裡爭論晚餐要吃什麼。我們為了選一間餐廳蒐集了各種資訊，但是最後還是選擇了最值得信賴的方法，用爬梯子遊戲決定吃辣燉雞。

發生這種情況的理由很簡單，不是因為沒有餐廳的相關資訊，而是我們有人想吃好吃的東西，有人想在舒服的空間裡吃，有人則想去名店並打卡拍照，換句話說，就是彼此沒有共識。

這種情況經常出現在每個人的日常生活中。即使不是多人聚餐，一個人要做出某個選擇，或考慮重大事情時也會發生類似的情況。

我們生活在一個資訊爆炸的時代。曾有人半開玩笑的說：「與一九七〇年首次登陸月球的阿波羅十三號宇宙飛船相比，現在我們手中的手機可以更精準的掌握豐富的資訊。」與其說是我們接受的資訊變多，不如說是資訊接近無限，但是隨著資訊接近無限，我們反而開始驚慌失措。

我們經常會碰到無法輕易做出選擇，在小決定面前也猶豫不決的時刻。越是這種時候，越需要能夠知道並區分自己想要什麼以及擁有什麼，區分標準大部分源於個人的需求。我們想睡覺時會想到床這個目的地；肚子痛時會想到廁所、藥局或醫院等目的地。

如果你不知道自己現在是否睏了，是肚子痛還是肚子飽？那麼無論有什麼好資訊，你都做不了決定，唯有明確了解自己的需求，才能在眾多資訊和選項面前不慌不忙。

德國新聞記者奧立佛．耶格斯（Oliver Jeges）在《決定障礙一代》（*Generation Maybe*）一書中說道：

「我們這一代什麼都被允許，所以可以做任何事，選擇的範圍也很大，因此反而會產生不管什麼都好，希望有某種標準的想法。」

換句話說，就是我們都希望別人告訴我，我應該擁有什麼。我們明明是教育水準最高的一代，卻要求別人告訴自己該擁有什麼，這真是諷刺。

那麼，我們為什麼會處在這樣的狀態下呢？韓國為何有這麼多人長大後，還在為前途苦惱和徬徨呢？韓國社會認為教育是神聖的領域，教育和學習這個領域具有能夠容忍一切的神祕力量。

在急遽而成的經濟開發政策中，人們渴求並憧憬學習。講求效率的韓國因此實現了漢江奇蹟[8]，擺脫了飢餓的束縛，但是追求效率的價值觀也滲透進教育中，所以我們都以誰背得更快、寫得更快、錯得更少等，為學生和學校排名。

這本身並不是不好或錯誤的，從當時的情況、氛圍和條件來看，雖然不是最

8 廣義上來說，意指南韓飛速發展的外向型經濟，包括快速的工業化、科技進步、國民教育水準的提高、國民生活水平的迅速提升、城市化、現代化、民主化和國際化的進程。

好的方法，透過韓國經濟社會奇蹟般的成長，可以證明這是次佳選擇。然而，我們不能忽視這個選擇帶來的副作用，那就是所有的一切都以效率為標準，如果不能符合或反抗這個標準就會落後。

在這個系統中，快速接受資訊的人成為勝者，也因此**我們將此社會價值觀視為自己的喜好，而不進一步探索自己真正的需求**。

在我們過去的教育方式中，自我認同、個人標準和邏輯無法發揮太大的力量，因此不具有自我想法的行為表現被認為是理所當然的，因為這會讓我們有更大的領先優勢。

但是這**導致人們將「不同」視為「錯誤」，並產生了對「差異」的恐懼。我們因為將社會標準視為自己的標準，所以停止思考自己究竟喜歡並討厭什麼**，也無法以此為基礎來判斷什麼東西對自己而言是重要的，在不斷被灌輸外部價值觀的過程中，我們很難不失去自我。

從研究人類行為的行為科學角度來看，行動的最大動機是欲望，但是如果我們國中、高中時期只擁有「考上好大學」的欲望，會認為這個時期想要從事藝術是錯的，因為畫畫無法維生。

而這樣的想法會讓我們習慣在產生欲望時看人眼色，並使我們在成年後更難掌握自己想要什麼。

最終，我們不是因為沒有內在欲望而感到徬徨，而是沒有能夠面對內在欲望的明確裝置，現在，是時候安裝尋找欲望的裝置了。那麼，這種裝置究竟是什麼，又該如何安裝呢？

我從世界級企業預測「群眾需求」的方法中得到一些啟示，其中，有著我們掌握並了解自己需求的答案。

06 你喜歡什麼？演算法比你還清楚

如果有人問你：「你一週後要在超市買什麼？」你會怎麼回答？有購物清單的人能馬上回答，但是大部分的人都會很慌張：「我現在怎麼會知道一週後的事，到時候缺什麼就買什麼吧。」我也是如此，一週後的事我怎麼能明確知道呢？

也許到時候洗髮乳會用完、喜歡的零食會吃完吧！如果我們常去的超市，能事先知道我們一週後會需要什麼，你覺得如何？肯定會覺得很神奇，事實上，這確實是可以事先預測的。

超市是怎麼知道的呢？親自去問每一位顧客？不是的，現代人的所有行為都數據化了。觀看的東西、吃的、買的，甚至去哪些地方都被掌握並記錄。如果能拿到這些數據，就可以準確預測今後發生的事。

蒐集和管理多領域的數據變得越來越重要，也由於人們的瑣碎行為和日常生活都被數據化，所以數據量正在擴大，這就是所謂的大數據（big data），也是數據管理備受關注的原因。

科學期刊《自然》（*Nature*）稱大數據是今後十年改變世界最重要的技術，美國市場調查機構高德納諮詢公司（Gartner）也將其稱為左右二十一世紀競爭力的二十一世紀原油。

再回到超市的故事，超市會累積並分析顧客的行為數據，掌握顧客們的需求，並預測顧客會買些什麼。全球第一大電商亞馬遜（Amazon）從二〇一四年開始，提供以此為基礎的預測配送服務，就是在顧客下單前，將他們預計購買的產品進行包裝，轉移到離顧客配送地較近的物流中心。

為了精準預測，亞馬遜不僅將現有的訂單搜尋明細、關注物品、結算明細，甚至滑鼠游標長期停留在哪些產品上，也進行數據化並加以利用。但運用大數據提前預測顧客需求和行為的企業不僅是亞馬遜。

過去十年裡，哪家企業的股價上漲最多？就是打著「我們的競爭者只有睡眠時間」這樣看似荒唐的口號，但是做出精準預測的網飛（Netflix）。Netflix 是韓國人必備的線上串流影音平臺，也是市價總額超過兩百六十兆韓元（以二〇二一年四月為基準）的串流媒體企業。

有些人以為 Netflix 是像彗星般登場的新創企業，但是實際上它是自一九九七年ＤＶＤ租賃事業起步的企業，也因此它擁有強大的數據資料庫。

有些人甚至以為使用 Netflix 時，是自己挑選自己想看的內容，但是 Netflix 的演算法幫我們挑選的內容卻更精準，多數用戶不會一一查找並從數千個內容中挑選，所以大部分觀眾都是從 Netflix 推薦的影片中做選擇。

Netflix 的開發者們知道，如果給人們太多選擇，他們反而會不喜歡。因為有這樣的背景知識，所以他們才能開發出以大數據為基礎的電影配對軟體「Cinematch」。

那麼，Netflix 如何從大量的影片中挑選並推薦給用戶呢？首先，他們會分析喜好相似的人看什麼樣的影片，在觀看內容時，他們會掌握觀眾反覆播放或跳過的部分，並將此製作成數據，再向有相似興趣的受眾推薦電影，同時將每個人可能喜歡的片段製作成縮圖放到頁面上。

另外，他們也透過一次公開所有影集內容的營運方式不斷成長。

他們最重視的是過去的行為，也就是用戶們的欲望。當然，Netflix 並不總是一帆風順，也曾經發生很大的危機，但是他們同樣用數據來突破危機。從營運平臺公司的立場來看，最重要的是增加顧客的流入量，並擁有防止用戶退訂的人氣內容。

因此如果是擁有人氣內容的製作公司，在談判桌上必然有利，但是 Netflix 的急遽增長趨勢難以忽視，所以製作公司為了取得更高的收益分配條件，不得不進行牽制。

二〇一一年處於赤字危機的 Netflix 做出了重要的決定，那就是親自製作內容。如果這個計畫成功，等於是如虎添翼，但是這個計畫的風險太大了，製作內容和提供製作公司供應的內容是完全不同的事。

Netflix 之所以能夠果斷做出這個決定，是因為信任大數據。結果大獲成功，其親自製作的《紙牌屋》（*House of cards*）大受歡迎。

Netflix 在籌備《紙牌屋》時，為了尋找人們喜歡的主題和故事，分析了數千萬用戶的影片播放紀錄和使用者評價，不僅如此，還蒐集了社交媒體的數據，甚至蒐集並分析了非法共享的人氣電影和電視劇的數據。透過廣泛的蒐集和分析大數據，他們決定要翻拍一九九〇年ＢＢＣ（英國廣播公司）播出的《紙牌屋》。

電影導演和演員也是利用大數據選角，透過觀看原作的觀眾相關的數據，可以發現多數人也看了導演大衛・芬奇（David Fincher）的《社群網戰》（*The Social Network*）和《班傑明的奇幻旅程》（*The Curious Case of Benjamin Button*）。另外，他們也喜歡凱文・史貝西（Kevin Spacey）主演的作品。

Netflix 便以此為根據邀請大衛擔任導演，凱文擔任主角，並投入製作，這正好符合大眾的需求。此後，Netflix 加快了自行開發內容的步伐，兼顧了平臺和內容，成長為世界級的企業。

數據是個算命仙，比我還了解我

現在的企業比起詢問顧客想要什麼，更專注於分析顧客過去的行為和數據，因為這比任何其他方式都能做出更精準的預測。簡單來說，就是與其問大家想要去哪裡，不如觀察他們到目前為止去過哪裡。

「在大多數情況下，人們不知道自己想要什麼，直到我們向他們展示。」

這是史蒂夫・賈伯斯（Steve Jobs）留下的名言，這句話告訴我們，在眼前明確出現想要的東西之前，顧客也不知道自己究竟想要什麼。

但是**大數據**卻不同，**活像個算命仙，比我更了解我，比我更知道我喜歡什麼、想看什麼，以及想買什麼**。那麼，仔細想想就會發現，如果我們也蒐集並分析自己的數據，不就能明確掌握隱藏在自己心底的欲望嗎？

但是這裡有個令人苦惱的地方：「我不會分析數據，即使會，我該如何一一記錄自己喜歡什麼、擅長什麼，以及對什麼感興趣呢？」不用擔心，這個煩惱馬上就能解決。

我會提供記錄自己需求和興趣的方法，所以請大家不要擔心，跟著我做吧！

我之前讀了許多自我開發的書，但是總有讓我困惑的部分。多數書籍都為了讓讀者尋找自我認同感，而提出以下形式的問題。

「你最看重的價值觀是什麼？」

「最能表達你的三個單字為何？」

「你一天中最常思考什麼？」

「你堅持學習一年以上的東西是什麼？」
「你何時感受到最大的幸福？」

大部分自我開發的書，都毫無例外的提出類似上述的問題，然而，與其說我們是不知道這些問題而看書，不如說原本就是因為不知道這些問題的答案才看書的。如果是為了尋找答案而翻開書，但是書中卻又把這些問題當作解決方案，那真的會讓讀者發瘋。

我們根本不會驚嘆：「哇！這些真是幫助我了解自己的好問題！」相反的，我們只會嘆氣，因為我們以為自己買了對生活有幫助的書，還拿出便利貼寫下重點，卻沒有用。

即使我們勉強把這些問題放到腦中反覆咀嚼，但是如果不夠了解自己，通常也無法得出確切答案。事實上，這樣的提問本身就是錯誤的，如果想透過自我開發書找出這些問題的答案，書中就要告訴大家能夠回答問題的相關數據，也就是找出尚未處理的數據（raw data）的方法。

許多書籍正是因為缺少這樣的方法才會沒有效果，那些書本只提出草率的問題，並且用錯誤的方法提問，讀者才會完全想不出明確的答案。

假設眼前有兩個問題，其中一個問題是「寫下你最喜歡的三種食物，並說明理由」，另一個則是「寫下這週你吃過的午餐和晚餐菜單，從中選出最喜歡的三樣食物，並說明理由」，請問你較容易回答哪一個問題，哪個問題更能具體引導你說出答案？

後者顯然更容易回答，因為問題中加入了可以建構數據的範疇和條件，根據條件列出的午餐和晚餐菜單就是數據，一旦有了數據，回答者就能明確畫出想法的範圍。另外，羅列的數據也是聯想效應的開端。

瑞士的認知發展心理學家尚・皮亞傑（Jean Piaget）將想法稱為表徵（representation），意指「presentation」（展示）的單字前加上「re」，也就是有反覆展示的意思。因此，套用這個字的情況下是指，與其在事先沒有任何資訊的情況下想著自己喜歡的食物，不如先將這週自己吃過的食物羅列出來，並且區分成喜歡的食物、不好吃的食物，以及就近買來吃的食物，這樣我們就更容易聯想到其他食物。

另外，數據中出現多次或反覆出現的特定數據就是自己最喜歡的東西。

像是，我之前以為自己最喜歡的食物是水果，但是看了信用卡明細後，我發現：「啊，原來我最常買肉來吃，花在肉上面的錢最多！」透過我吃的食物數據，我意識到原來我喜歡的食物不是水果，而是肉。

「如果要我在一小時內賭上我的人生來解決某個問題，我會花五十五分鐘來決定該提出什麼問題，因為只要提出正確的問題，答案就能在五分鐘內找到。」

正如相對論創始人阿爾伯特・愛因斯坦（Albert Einstein）所說，提問的重要性是古今中外都強調的。

如果要選出代表韓國的電影導演，就不能不提朴贊郁，若說正式讓他出名的作品是《共同警戒區JSA》，那麼讓他進入世界級導演行列的作品就是《原罪犯》。朴贊郁導演透過這部電影，在世界屈指可數的電影節上橫掃了所有獎項，這不僅是在韓國，也是世界電影史上的里程碑。

執導電影《霸道橫行》（*Reservoir Dogs*）和《追殺比爾》（*Kill Bill*）的導演昆汀・塔倫提諾（Quentin Tarantino）曾表示他看《原罪犯》時大哭，並讚不絕口。

即使是已經問世近二十年的今天，這部作品不僅是熱愛電影的人，也依舊是普遍大眾熟悉的作品。電影中出現了許多有名的臺詞，其中我最有印象的臺詞是主角吳大秀遇到了把自己關了十五年的李佑鎮，並問他為什麼把自己關起來。

李佑鎮的回答讓人印象深刻：

「人若是問了錯誤的問題，就只會出現錯誤的答案。你問錯問題了，你不該問我為什麼關了你十五年，而是該問為什麼我在十五年後就釋放你。」

據說，許多觀眾聽到這句臺詞都感覺自己的後腦勺像挨了一拳，他的答案讓我們開始思考。

「是啊，本來可以把他關到死為止的，為什麼才過十五年就釋放了呢？李佑鎮到底在想什麼？」

就像這樣，根據不同方式提問，我們的思考方向可能會完全改變。提問就像釣鉤，可以勾起腦中的想法，如果釣鉤狀態不好，即使再怎麼拉桿，也無法釣出好的想法，反而只會出現莫名其妙的答案。

因此，提問非常重要，好的提問會問出好的想法。現在既然我們知道了好問題的條件，那麼我們就開始正式挖掘能找出不純熟的才能的數據吧！

07 想不到吧，你竟有這麼多才華！

我們要尋找的數據是什麼？拿著筆記本到處記錄，日夜苦思把至今為止的經驗從頭到尾列出來嗎？不！那麼我們應該買數據技術相關的書籍，來掌握分析方法嗎？也不是。

答案就藏在每天和我們一起移動的設備中。**不專精的才能指的是在世界各領域和主題中，我們比較了解、感興趣而且更先經歷的所有東西的交集。**因此，為了尋找它，我們不能只是從喜歡聽的音樂、愛看的電影等有限的領域內尋找數據，而是要像在搜尋網站上輸入關鍵字一樣，在幾乎沒有限制的情況下，選擇並使用數據。

第二，我們必須尋找每天或持續累積的數據。從這兩個標準來看，能夠提取我們需要的明確數據渠道大致有兩種，其中一個就是 YouTube。

YouTube 影片的領域接近無限多，因為這樣的性質，如果我們有好奇的問題就會直接在 YouTube 上搜尋，而不是使用搜尋引擎。不論搜尋什麼單字都會出現相關的影片。

最近大多數的人都會在智慧型手機上安裝 YouTube 應用程式，所以觀看 YouTube 占了大家使用手機的大部分時間。無論是輕鬆消磨時間，還是需要尋找重要的資料或資訊，YouTube 都是強而有力的工具。這符合前述兩個數據標準。

最重要的是，YouTube 具有觀看紀錄、訂閱和按讚的功能，所以我們能輕易找到想要的數據，只要列出自己喜歡看的頻道和影片，尋找並分析特徵，我們就很容易找出自己喜歡的領域，並得到更好的關鍵字。

那麼我們究竟該如何藉此整理數據？請參考左頁表格，在訂閱的頻道、觀看紀錄和按讚的影片中，選擇你覺得最有趣，或反覆觀看的頻道，接著寫上該頻道的名稱、類別、關鍵字、該頻道中最有趣的影片、觀看理由、影片形式等資訊。

觀看紀錄可以依據自己想要的日期查詢，如果不清楚頻道的關鍵字或類別，可以參考各頻道資訊中創作者製作的頻道簡介文，並將這些訊息全部寫下來，我接下來會告訴大家精煉數據的方法。

▶ 用 YouTube 整理相關資訊

頻道名稱	類別	關鍵字	覺得最有趣的影片	訂閱＆觀看理由	影片形式
WLDO	廣告資訊統整	廣告、創意、品牌	Nike為穆斯林女性製作有頭巾的泳衣	為我帶來好的靈感	資料蒐集
SAPIENS STUDIO	知識統整介紹	歷史人文、偶爾有成人話題	想見到外星人就要放棄這個	殺時間用	專家的演講＆故事
歸農紀錄片	返鄉歸農採訪＆紀錄片	在地化、鄉村生活、大自然	返鄉用五百萬韓元開咖啡店	殺時間＆療癒用	採訪＆紀錄片
Sirace Show	知識統整介紹	歷史、世界史、人物	成為禁書的世界頂級遊記《熱河日記》	適合一邊發呆，一邊看	動畫片
最近的私生活	採訪頻道	千禧世代、生計、斜槓	什麼都沒有大體上也沒什麼問題	很好奇千禧一代是怎麼生活的	採訪
知識咬一口	知識統整介紹	經濟、知識、企業	LG電子撤回智慧型手機，拔刀相向的年輕會長	輕鬆有趣的傳達經濟、企業方面的相關資訊	資料蒐集
STAYFOLIO	空間統整介紹	在地化、空間、室內裝潢	STAYFOLIO No 033 Hotel Kanra	用精采的影片呈現美麗的空間	拍攝影片＋旁白
playground DIVE	興趣＆消費資訊	潮流	設計變得更加重要－現代信用卡CEO鄭泰英〔OVER THE RECORD〕	喜歡現代信用卡、有很多很棒的演講形式、相關資料	演講、表演、採訪
名言倉庫	勵志影片	自我開發	讓你成為前0.01%的馬斯克的思考方式	懶散時激勵自己	資料編輯
THE ICON TV	人物（名人）介紹＆採訪	名人、潮流、嘻哈	〔ENG樂高王國打造者金國寶〕我組裝故我在	介紹許多新職業的名人	影片拍攝＋採訪

（接下頁）

頻道名稱	類別	關鍵字	覺得最有趣的影片	訂閱&觀看理由	影片形式
消費資金	大企業軼事、主要議題介紹	大企業、品牌、消費、金錢故事	百年財閥的成功與挫折，爭議與危機一觸即發的樂天集團	有趣的說明各種企業的故事	資料編輯
DreamTeller	電影統整介紹	電影、影集介紹	誘拐財產三十兆富人孫子的犯人身上發生的真實故事……瑟瑟發抖	喜歡看電影、只是簡單說明重點內容	電影編輯介紹
金馬桶	三十歲無業遊民的日常	遊民、料理、自己煮飯	從大企業辭職的三十多歲無業遊民一個月到底會花多少錢？無業遊民生活 ep.4	適合殺時間	Vlog形式
Walkman	職業評論、公司簡介	職業、評論、職業採訪、就業、公司介紹	漢江帳棚出租打工評論	能夠看到多樣的職業	拍攝＋編輯
知識海盜團	知識統整介紹	歷史、人物、知識、世界史	黑死病改變人類社會的過程！	適合想發呆時看	動畫＋編輯
Youquizon theblock	上班族採訪	劉在錫、劉QUIZ ON THE BLOCK、職場、職業介紹	華麗的業績背後：業績之神朴光珠的煩惱	能夠看到多樣的職業	拍攝＋編輯
Korean zombie	街頭式綜合格鬥相關資訊	鄭燦盛、Korean-zombie、MMA、格鬥技	鄭燦盛的非賽季運動訓練是？	因為學過拳擊，所以對格鬥項目感興趣、喜歡鄭燦盛選手	Vlog＋介紹
Movieweek	電影選秀、影片介紹	奉萬大導演、電影選秀、演員練習生、表演	擁有獨特嗓音的演員！評委好評的選秀延期	想演戲、有興趣看演員練習生們的演技	拍攝

1. 將訂閱中的頻道數據化

寫下訂閱中的頻道名稱、類別、關鍵字、覺得最有趣的影片、訂閱理由、影片形式。

2. 將觀看紀錄數據化

請找出最近一、兩週內觀看的影片，看看重複觀看或覺得有趣的影片來自哪個頻道，並按照上述形式記錄。

3. 將按讚紀錄數據化

與觀看紀錄的數據化方式相同，從至今為止的按讚影片中，觀察重複觀看或覺得有趣的影片來自哪個頻道並記錄。

以這三個標準寫出至少十五個以上的頻道吧！

以我為例，我在訂閱的頻道、觀看紀錄、按讚影片中，選出了我覺得最有趣或重複觀看的前十八個頻道。其中有電影介紹、歷史統整介紹、紀錄片、從大企業辭職的無業遊民Vlog、知名信用卡公司、勵志影片、空間介紹、名人採訪、返鄉歸農介紹等多個類別的頻道。

▶ 用此表格完成第一次數據篩選

分類	類別	關鍵字
最了解或最想了解的關鍵字	大企業相關的主要議題介紹、廣告彙整、空間介紹	自我開發、公司介紹、電影、在地化
最喜歡的關鍵字	知識彙整、大企業相關重要議題介紹、廣告彙整、空間介紹	職業評價、在地化、空間、品牌、廣告
重複的關鍵字	知識彙整	歷史、世界史、職業

光看這個表格就能了解我經常接觸、喜歡以及想知道什麼，但是數據化的過程還沒結束。

我們應以現有的數據為基礎，篩選有意義的數據。這裡要注意，各頻道的類別和關鍵字。我們要尋找的是自己了解、擅長、感興趣、經常經歷之事的交集。

那麼，請從上面的關鍵字中，選出最了解或最想知道的類別和關鍵字；感興趣並喜歡的類別和關鍵字；最重複的類別和關鍵字，並記錄下來。

我利用上表列出符合這三項標準的類別和關鍵字，完成了第一次篩選。這個結果之後會和其他數據再重新整理一次，所以請務必保存好。

提取數據的第二個方法是確認網路社群的分享文或標籤的內容（參考第七十八至七十九頁）。網路社群會迅速傳播多種類的資訊，如果我們多動幾次手指儲存，這分明是感到興趣或好奇的證明。最具代表性的是臉書和ＩＧ。

在 Kakao Talk 和他人聊天時，發送的新聞報導和手機截圖也是重要的數據。除此之外，Podcast 和電子報等符合前述數據標準（領域的非限制性、一貫的使用週期）的內容也可以記錄下來。

請以包含標題、類別、關鍵字、儲存理由、形式的整理表，寫出十五個以上的內容吧！

和第一階段一樣，請從關鍵字中選出最了解或最想知道的類別和關鍵字；感興趣的類別和關鍵字；重複的類別，並記錄下來（參考第八十頁）。

這樣至少會出現三十個以上的數據，如果你因為不登入 YouTube，沒有觀看紀錄，也沒有訂閱頻道，甚至不會另外儲存新聞報導或網路社群內容，那也沒關係，從今天開始登入 YouTube 即可。

另外，如果你有覺得有趣的報導或內容，只要用手機截圖保存即可。只要這樣進行一到兩週，就可以累積有意義的數據。如果你認為數據還是不夠，可以再

▶ 用網路社群的分享文或標籤，提取數據

書籤或截圖標題	類別	關鍵字	儲存理由	型式
京都所有的產業，都銘刻著地域認同感	地區文化	在地化、空間、品牌化	對京都很感興趣	部落格文章
CEO寺尾玄專訪《喜歡的事、想做的事優先》	人物採訪	設計、BALMUDA、工作的價值觀	對品牌BALMUDA感興趣、報導標題醒目	《朝鮮日報》採訪報導
Hobbyful－找到興趣愛好，日常生活會變得更美好	興趣、課程	興趣、自我開發、副業	對各種興趣感到好奇	興趣相關的平臺
大林美術館的作品〈洗衣房〉	裝置藝術	展覽、新奇、創意	讚嘆創意裝置藝術	展覽截圖
Nike廣告影片（The Toughest Athletes）	品牌、自我認同	Nike、品牌、自我認同	平時看Nike、Adidas、蘋果等品牌廣告時得到很多靈感，所以很喜歡	影片
HYBE（New brand presentation）	品牌、自我認同	品牌、發燒話題、BTS	世界著名娛樂公司將品牌更新宣傳的影片製作成30分鐘的影片，大大激起了我的好奇心	品牌介紹影片
興趣、育兒、理財等……擴大版圖的線上教育平臺身價暴漲	興趣、線上教育	線上教育、興趣、平臺、兩份工作	新冠疫情後，許多人投入到自我開發中，所以是被推播的報導	報導

（接下頁）

書籤或截圖標題	類別	關鍵字	儲存理由	型式
托爾金原創官方周邊商品介紹	周邊商品	魔戒、周邊製作、地圖	看到有趣的周邊就會產生興趣，而且這還是用環保特殊紙製作的地圖周邊覺得很神奇，所以儲存下來	照片＋影片＋文章
漢堡王品牌更新介紹文	品牌、自我認同	漢堡王、品牌、自我認同、設計	平時對於品牌、設計很感興趣，這篇報導很吸引我，所以儲存下來	報導
樂高創作者的近況	興趣、樂高、御宅族	樂高、創意、創作、玩具	想利用樂高做有趣的企劃	短影片
漂亮的咖啡店照片	咖啡店、空間	室內裝潢、咖啡店、休息、空間	因為喜歡去裝潢漂亮或空間舒適的地方，想記住這個地方，所以順手拍下來	照片
街頭招牌的照片	招牌、設計	設計、套餐、促銷、室內裝潢	店面的燈或招牌好看的話會很吸引我，所以會拍下來	照片
包裝商品	紙、包裝、設計、周邊商品	創意、套餐、廣告、紙張、設計、新奇	看用紙製作的各種周邊商品或包裝會覺得很有趣	截圖
聚會的打卡、拍照	人際關係	關係、聚會、回憶	想要記住和大家的聚會，所以每次見面都會打卡拍照	照片
室內裝潢空間照片	室內裝潢	室內裝潢、空間、設計	看到好的空間或室內裝潢，會想要截圖記錄下來	照片

▶ 用此表格完成第二次數據篩選

分類	類別	關鍵字
最了解或最想了解的關鍵字	地方文化、品牌、自我認同、裝置藝術	在地化、空間、品牌化
最喜歡的關鍵字	地方文化、興趣、裝置藝術、周邊商品	在地化、空間、品牌化、周邊商品製作
重複的關鍵字	品牌化、室內裝潢、興趣	品牌化

多看YouTube和網路報導一到兩週。

不需要任何目的或計畫，做平時經常做的事就可以了。從讓人開心的小東西、無數資訊和刺激中打撈出來的數據，就是尋找你真正需求的線索。

如果你已經完成了以上的數據打撈，你將會像在冰箱角落找到超棒食材一樣。一位著名的廚師曾說：

「好的食材是最基本的，用好的材料就能做出好的食物。」

如同這句話，唯有扎實的尋找自己的數據，才有能建構出不專精才能的好素材。不用著急，為了自己的料理慢慢列出自己現在擁有的數據吧！

08 列出關鍵字，再拆解、分析

在廚房辛苦尋找並列出食材後，該做什麼？要觀察食材是否有異物，接著去除異物並清洗，同時切除腐爛的部分。如果你收集到好食材，現在應該進行加工，使其成為可以使用的素材。

大學時期我做過很多份打工，目的不只是賺錢，也在於讓自己可以快速累積各種社會經驗，所以我總是很努力的找工作。其中工時最長的打工是餐飲業，那是一家由兩位三十多歲的年輕社長意氣相投所開的店。

我負責的工作雖然是外場，但是也需要擔任廚房助理，所以不只是擦拭餐桌，我每天也要處理很多食材。其中，我最常做的，就是去除海鮮義大利麵中的貽貝皮。

首先，要將每天送到店裡的貽貝浸泡在乾淨的水中，接著刮去皮上的雜質，再去除被稱為貽貝鬍子的足絲。經常要我慢慢來的廚師們在處理食材時，也非常細心、挑剔。

「相勛，不管食材有多好，如果處理不好就是白搭，所以處理食材的步驟非常重要，懂嗎？」

這句話說得對，無論拿到多好的食材，如果不好好處理，並用心製作成食物送到客人桌上，就無法得到客人的心，因此精心處理的步驟就和尋找好食材一樣重要。

這也適用在開發不純熟之能力的過程中。從現在開始，我們應該拆解蒐集到的關鍵字。

會說話看起來是一種才能，實則是「很多種」不同的才幹，包含在眾人面前不緊張的表達、能在短時間內傳達重點、可以吸引異性的口才、善於說服別人等。雖然是不同的才能，卻都被「會說話」這個大主題概括了。

現階段的我們，會被自己找到的關鍵字束縛，所以我們需要拆解它，透過這個過程，我們才能更具體的了解自己具備哪些可以運用的才能。在你認為喜歡和擅長的領域或主題中，請先去除相對不感興趣的東西。

例如，如果你將「電視劇資訊」列為關鍵字，那麼你應該釐清自己是知道最近新出的電視劇，還是了解劇中人物，或是喜歡看特定PD或作家們的作品。此時重要的是，不要執著於一定要刪去任何東西，應將重點放在「釐清」。

換句話說，就是要更深入掌握自己「多元又不精通」的興趣。實行這個過程，會自然而然的將之前發現的關鍵字製作成句子，就像小小的幼蟲變成蛹，並隨著時間的流逝羽化成蝴蝶。

我們應該將其關鍵字具體化，才能產生明確的句子。那麼我們該如何拆解關鍵字呢？

透過YouTube或網路社群書籤得到的關鍵字是大主題，也就是範圍非常大的字串，但是大部分與關鍵字相關的細節（下一階段）會隨大主題而來。若你選擇「在地化」作為重點字，你可以進一步釐清自己是對在地經濟、政治、歷史、環境、品牌、空間和旅遊中的哪一個項目更感興趣。

這樣一來，在建構細節主題時，我們就有可參考的資料，只要利用前面準備好的數據即可。如果說大主題是從 raw data 的「類別」和「關鍵字」中找出，那麼細節主題的 raw data，則是來自「你認為最有趣的內容（影片）」和「觀看理由」，如果仔細觀察這一領域，就能得出明確的推論。

我們可以藉由觀看過的影片，詳細了解自己是因為什麼而將該重點字設為大主題。透過上一節內容整理出的數據可以發現，我雖然對在地的經濟和歷史完全沒興趣，但對尋找和觀看具有地區特色的各種空間，以及遊客喜歡的地區咖啡館或景點很感興趣。

另外，如果是有人問起時，你可以自信回答的主題，只要思考並檢視細節主題，就能建構出更具體的內容。例如，若有人問起地區經濟，我會很難回答，但是我可以介紹麗水、慶洲等地區有趣的空間或咖啡廳。

此外，雖然我不太了解地區文化或歷史，但是如果再多加學習，那或許也能成為我的細節主題。若你將ＮＢＡ選為關鍵字，那麼你可以將熟悉ＮＢＡ球隊、歷史、球員、善於預測比賽等設為細節主題。

透過此過程，我們就能越清楚自己喜歡且熟悉的主題是什麼，並能知道自己相對較沒興趣又不了解的主題。以下，我用幾個具體的例子，描述拆解關鍵字的流程。

●大主題（類別、關鍵字）—細節主題（喜歡的影片及觀看理由）

一、在地化—適合遊客去的在地空間
二、NBA—NBA各球隊歷史和球員資訊
三、策展—世界地理
四、電視劇—新作品情報
五、多益分數—考到七百分
六、興趣—削鉛筆
七、美食餐廳之旅—在全國各地尋找自己喜歡的餐廳

訂定自己的大主題並選定細節主題後，接下來該做什麼呢？**每個人開發這些能力的理由都不同，但是有個東西很明確，那就是只有向外部分享才能賺錢、品牌化、獲得關注，並建立想要的關係。**這一整個過程是為了尋找、開發能夠傳達

並分享給他人的東西。

前面我們已經訂定自己的大主題並選定細節主題，下一步就是組合方向。舉個例子，我因為喜歡炒年糕，所以選擇了「炒年糕」作為關鍵字（大主題）。細節主題則是「如何讓炒年糕變美味」，這麼說來，喜歡炒年糕並製作美味的炒年糕就是不精通的能力。

那麼，我現在需要做的，就是選擇用什麼方法傳達如何讓辣炒年糕變美味。是要簡單有趣的說明製作辣炒年糕的方法，或者使用多種食材製作實驗性質的內容，還是詳細解說讓從事餐飲業的人也能參考呢？思考傳達方式能讓我們確定自己應該往什麼方向前進，因為這個過程會成為決定行動的標準。

在此過程中能給我們幫助的就是「副詞」。副詞是當我們想更詳細且準確的表達意思時所使用的詞。我們想要詳細且精準的了解行動方向時，也要把副詞的概念拿來加以利用。

以下我以之前提到的削鉛筆達人里斯，以及想用多益七百分製作課程的公司同事為例，來說明此過程。

●大主題－細節主題－組合方向

里斯：興趣－削鉛筆－詳細解說

公司同事：多益分數－創造七百分－快速得分

用具體的例子就能讓整個過程一目瞭然。透過組合方向，我們可以了解自己是否為第一個擁有此經驗的人，如果能在這個階段就確認，我們就能進入實踐階段。

你如果還無法確認，應該繼續釐清。事實上，大部分的人都需要經過下一階段的分析才能確定，並了解該如何連結相關的經驗。

09 怎麼成為第一個？把兩個不搭組一起

「喂，犯人的畫像出來了嗎？」
「沒有，目擊者想不太起來。」

蒙太奇（montage）主要是指透過受害者或證人的陳述，再現犯罪者或通緝犯面孔的肖像畫，但在電影界主要是指剪輯拍攝場面，編輯出完整的故事。透過剪輯這個魔法般的技術，我們可以把悲傷的畫面變成開心的畫面，也能把壞人變成好人，就連冗長無聊的場景剪輯後也能蛻變成精彩的場面。

被稱為蒙太奇創始人的列維．庫勒修（Lev Kuleshov）透過「庫勒修效應」（Kuleshov effect）這個有趣的實驗，確認了蒙太奇的心理效果。他首先拍了男演員面無表情的臉，接著分別拍攝熱氣騰騰的湯、躺在棺材裡的女人，以及玩熊布偶的孩子。

看影像的人會依據先看到的場景不同，而對演員的表情有不同的解讀。如果在看演員前先看到湯，他們會認為演員的表情是飢餓；若先注意到的是躺在棺材的女人，他們則將表情詮釋為悲傷；如果先看到玩熊布偶的孩子，他們會認為演員的表情是覺得孩子很可愛。

我們由此可以推斷，即使是同樣的表情也會依據剪輯讓人有不同的感受。

另外，電影界也有與蒙太奇完全相反的概念，那就是場面調度（mise en scene），意思為「布置在舞臺上」，是從戲劇用語擴展為電影用語。

簡單來說，就是如何將一個畫面填滿。填滿一個場景需要很多要素，為了能完整傳達導演的想法，適當的安排燈光、道具、風景和人等，並放入畫面中。這個方式與透過剪接和刪除場景的蒙太奇不同，是自然呈現畫面的方式。

請想像雪地的風景或在高級餐廳對話的男女等場景，這樣你會更容易理解這個方式。我想看到這些美麗的場面，觀眾們都會忍不住稱讚這部電影的場面調度很精彩。

了解這兩個概念後，我突然產生了這樣的想法：「我們是不是固執的把我們的生活看成只是場面調度？」大家都希望有好的家世、進入頂尖大學和一流公司等，履歷上沒有一絲汙點的完美人生。

如果其中有一個錯誤，就會自卑想隱藏。然而，如同只要透過蒙太奇，平凡的場面也可以重生為精彩的場景，而看似不怎麼樣的才能和想要隱藏的自卑，經過編輯和連接，也可以轉換成優秀的能力。

我們應該以這樣的心態出發，放棄想將自己的生活變成完美場景的欲望，改用蒙太奇來剪輯。因此，比起隱藏自己的才略，我們應思考如何編輯和連結。

希臘小說家尼可斯・卡山札基（Nikos Kazantzakis）的小說《希臘左巴》（*Zorba the Greek*），是我二十多歲時影響我最大的書。

書中的K君對於自己被看成是書呆子感到憤怒，所以比起積極的體驗、感受生活，他更傾向於防禦，並沉浸在文學和書籍中；相反的，書中的另一個主角左巴卻是如動物般，不受拘束自由奔放的人，對他來說，「當下」是最重要的。

某天，左巴在做陶瓷時嫌食指礙事，就索性把它割掉了，只因為當下那根手指會妨礙他轉動陶輪。從這裡就能看出，他相當看重現在正在做的事以及當下的感受。

書中描繪兩人偶然相遇並一起開發煤礦的過程，K君透過左巴，重新審視了世界。原本不重視現實的他，因為左巴而領悟到了許多。這個故事激起了讀者們的共鳴。

如同上述故事，**我們對與自己不同的事物**感到恐懼，同時也**會感到好奇**。相反屬性的人事物相遇，不只排斥力強，**由此產生的影響力也很大**。前一節我們選定了不專精才能的關鍵字，並詳細拆解了每個相關的領域，同時制定了傳達和建構各領域的標準。

接下來，你該思考如何將這模糊的能力種子，轉換為讓大家感興趣的東西。我們要從最不搭且相距最遠的地方著手，就像在正式運動前必須暖身一樣，為了靈活的運用這種才能，我們需要時間瀏覽能活化我們想法的各種案例。

利用對不同事物的好奇心

二〇二〇年，一家製作麵粉的公司推出了羽絨衣和啤酒——那就是大韓製粉的熊牌啤酒和熊牌羽絨衣。這兩樣產品一上市就人氣爆棚，還引發缺貨大亂。熊牌啤酒不僅設計和概念有趣，還有味道柔和的好口碑，以及讓人朗朗上口的廣告詞，所以到現在依舊受歡迎。

得益於啤酒的人氣，乍看之下似乎與麵粉無關的化妝品、牙膏和清潔劑等多種商品都掛上熊牌陸續上市。受熊牌的人氣刺激，天馬牌水泥公司和馬牌皮鞋油商也推出了多種商品。

另外，燒酒品牌「真露」也推出了燒酒造型的包包作為促銷商品；文具製造商「Monami」則和韓國消化藥品牌「活命水」一起推出了合作產品，多個企業都進行了跨界合作，這都是得益於重新詮釋復古和懷舊的新復古（newtro）風潮。

然而，這不單純是個潮流，其意義重大。其實透過各種連結，也就是蒙太奇而受大眾關注和喜愛的事例很久以前就有了。最早善用這種連結的企業之一就是銷售能量飲料的飲料製造商紅牛（Redbull）。

不少企業會贊助或主辦特定體育競賽，但是紅牛則持續進行特別的贊助活動，通常國家代表是指在奧運或亞運等國際賽事上活躍的運動選手，但是你聽過紙飛機競賽國家代表嗎？許多國家會定期選拔國家選手，參加紅牛主辦的紙飛機國際競賽（Redbull Paper Wings）。

於二〇〇六年開辦的紙飛機國際競賽，每三到四年會在奧地利薩爾茲堡的紅牛專用機庫舉行。但是該大會並不是單純宣傳企業的活動，為了參加比賽，每屆都有數十個國家的數萬名選手競爭預賽。

二〇一九年舉行時，共有五萬兩千名選手參加，最後由五十八個國家的一百七十六位選手，在專用賽場進行了為期兩天的勝負較量，項目分為飛行距離、飛行時間，以及特技飛行。

我在介紹紙飛機大賽時，有些人會想：「紙飛機競賽居然也有國家代表隊？好神奇啊！」、「真有趣！」或者「真是什麼比賽都有！」不僅有正面的回應，也有負面的看法，但是這是只要聽過一次就絕對不會忘記的比賽。

當然，其他企業也會贊助或主辦國際大賽，但是紅牛將看似無關的「紙飛機」、「國際大賽」和「國家隊」等關鍵字連接，所以比其他任何賽事都還要誘發大眾的興趣，並且更容易讓人記住。

再舉一個例子，重金屬音樂和十幾歲的少女很搭嗎？雖然不是不行，但是讓人很難想像，所以即使是不了解重金屬音樂的人也會印象深刻。多數人想到這種音樂，都會有過度激動、吵雜和紋身等刻板印象，所以會認為這與十幾歲的少女完全不搭。

然而，實際上真的有這樣的樂團，而且還頗為出名，樂團的名稱也是與重金屬音樂不搭的「BABYMETAL」，這個樂團剛開始是以日本女子團體的小分隊進行活動。

二〇一三年獨立發行出道專輯後，獲得了超高人氣，不僅在日本，在美國的Billboard 200音樂榜單也榜上有名，還在英國、美國、法國和德國等舉行了世界巡迴演唱會。

二〇一七年傳奇重金屬樂團「金屬製品」來韓演出時，BABYMETAL也受邀擔任開場表演嘉賓。重金屬音樂迷們還開玩笑表示，是為了觀看Babymetal才買了金屬製品的演唱會門票。

那麼，熊牌啤酒、紅牛和BABYMETAL的共同點是什麼？讓熊牌啤酒擁有趣味形象的原因為，它是製作麵粉的公司推出的啤酒，如果是主流啤酒公司推出可愛卡通人物的啤酒，會像熊牌一樣大受歡迎嗎？絕對不會。

人們對熊牌感興趣是因為推出該啤酒的公司是製粉公司。紅牛也是一樣，如果紅牛贊助奧運會的正式比賽項目，還能得到那麼多的媒體關注嗎？也不會。紅牛連結了難以稱為運動的紙飛機競賽與國際大賽才擁有人氣。BABYMETAL 也是如此，她們將重金屬和女子團體兩個看似不協調的東西結合，讓這個組合更加有趣。

在這三個案例中，每個例子的關鍵字都不多。製粉公司＋啤酒、紙飛機＋國際大賽、重金屬＋女子團體，這些組合雖然很獨特，但事實上個別來看都是極其平凡的東西。**組合平凡的東西，意外的會發現新樂趣。**

不僅我一人強調這種連結的重要性，近幾年韓國書店有一本備受矚目的雜誌，那就是被稱為品牌紀錄片雜誌的《雜誌B》（*Magazine B*）。這是一本每個月介紹一個品牌的月刊，與其他雜誌不同，它沒有打廣告，而是完整呈現自己選定的品牌哲學、成長背景、隱藏的故事、文化、相關人士採訪等整個品牌的故事。

其背後的公司「JOH&Co」不僅經營《雜誌B》，還經營了韓式餐廳「Ilhochic」、西餐廳「Second Kitchen」、咖啡館「Quartet」、書店「Still Books」，以及結合住宅、辦公室和零售商店的城市渡假村「Sounds Hannam」。

此外，JOH&Co 也為企業提供品牌設計諮詢。

JOH&Co 不是屬於特定類別的企業，而是思考吃、喝、閱讀和休憩並進行設計的公司。其創立者是曾在 Naver 擔任 UX 設計中心負責人的趙秀勇。

趙秀勇當時負責設計，可說是 Naver 招牌的綠色搜尋窗口及 Naver 辦公大樓。他也曾擔任 Kakao 品牌設計總管副社長，現任 Kakao 代表理事。對設計有著與眾不同的固執、哲學和經歷的他，在一次採訪中曾提及他的設計經歷。

在接受不曾設計過的原子筆委託案時，他選擇獨自進入山中畫一千張素描，並且盡可能購買和收集市面上少見的原子筆，這讓他在分析現有產品的過程中，可以找出原子筆的性質和新穎性。

他**不是埋頭苦思**，而是**整合編輯已經存在的東西，並藉此開發獨創性**。

如此優秀的設計師們為了創造獨特，首先會分析已經存在的東西，再進一步翻轉。他們都是把平凡的商品、概念和設計相加。

就像我也連結普通的東西，創造了成為「首位」的條件，那就是「上班族＋藝術家」。

那麼，究竟該如何連結平凡的事物呢？首先，應組合完全相反的東西。人們對「意料之外」的事物總懷有好奇心，而這股意外性通常不會輕易消失。

在資訊氾濫的資本主義時代，我們每天都在接受大量的資訊和商品，所以我們只能更強調意外的效果，讓大眾本能的關注從平凡的人事物中跳出來的東西。

意外是在將兩個相反且不搭的平凡條件和概念串聯時誕生的，這種連結也是成為第一位創作者的關鍵。要成為最初的創作者不是靠努力、智力或才能，而是取決於觀點。

現在我們只要換上這樣的眼鏡，就能得到明確的啟示。以下我用具體的例子說明，該如何把現有的相反關鍵字一一連結。

●大主題－細節主題－組合方向－概念

一、在地化－適合遊客去的在地空間－有趣的說明－看新書
二、策展－世界地理－簡單說明－職場生活
三、電視劇－新作情報－簡單多樣－參觀百貨公司
四、美食餐廳之旅－在全國尋找自己喜歡的餐廳－詳細介紹－iPad繪畫
五、iPad繪畫－畫動物－簡單說明－外送食物

讓我們用上述數據選出的關鍵字，排列出最不搭的組合吧！你初次嘗試可能

會覺得很奇怪，並忍不住質疑：「這到底是什麼？說得通嗎？」有這樣的疑惑就代表成功了。

請不要認為不會有人對這些有興趣，只要專注在這些結合能否帶來意外性，判斷是否有被關注的價值是之後的事，再者，也請不要試圖解決現階段還不需要碰觸的問題，而是集中注意力在解決現在應解決的事。

10 所有的暢銷都有模板可循

如果你已經串起了關鍵字，下一步請在關鍵字中找出模板，模板是指一定的格式、系統、架構和模式。所有的事物都存在模板，例如「看新書」有無數的模板，因為不同書店都有自己的新書陳列特點。

特點不必然是宏偉的東西。書店在陳列人氣書籍時，會分為綜合暢銷書和各領域的暢銷書，各領域暢銷書則可以用日、週、月為單位再次分類，這就是模板，只要去兩、三次書店就能輕易了解這個模式。

這不是該領域的專家才會知道，而是經常去書店找書就能得知的特徵。因此我們只需要分辨各特徵的能力。

另外，特徵還有多種形態。最近很難找到沒有書腰的書，這種特徵也是我們可以靈活運用的模板；新書的設計和標題也是一種模板；我們去看書的過程也有一定的模板。

重點在於區分並整理存在於某關鍵字（名詞）中的各種模式化行為（動詞）。那麼，我現在就舉看新書為例來說明。

在地化—適合遊客去的在地空間—有趣的說明—看新書

新書分為各領域暢銷書和綜合暢銷書，在一定的時間內排名會有所變動，所以即使重複逛書店，也總會有新鮮感。暢銷書排名的系統，讓我們不用花很長時間也能輕易選到值得一讀的書。

另外，實體書店與網路書店提供的內容各有獨特的封面和內部設計。將這種模板結合在地化介紹，架設網站，如同實體書店展示暢銷新書一樣，以週或月為單位介紹各地區的人氣空間。

如果能像書名一樣以明確的標題精準描述空間，並製作類似書籍封面的空間縮圖，將會更加有趣，也能讓人在打開網站的瞬間，腦中自然而然浮現放著暢銷書的牆面。

你也許會煩惱該用什麼作為人氣排名的標準，這其實沒什麼問題，**只要利用IG的標籤數、部落格心得或有評分制度的平臺項目和數據即可**。這樣一來，對在地旅行或空間有興趣的人就會像去書店看新書一樣，一有空就查看你的網站。

另外，你也可以推出初次展開在地化旅行時，必去的空間。利用這種模板，不僅可以流暢的介紹值得拜訪的在地空間，還可以更有趣的傳達當地資訊。

策展－世界地理－簡單說明－職場生活

接下來我以「策展－世界地理」為例說明。這裡運用的概念是職場生活，乍看之下是陌生的組合，所以不禁令人質疑這像話嗎？我們一起來看看這麼奇特的關鍵字該如何搭配吧！

職場生活有什麼模板？上班族的基本工作型態是報告、開會、上班和下班，每種行為都有不同的模式和格式。

報告的重點是什麼？就是概括，也就是透過簡單的摘要傳達許多資訊的過程。報告的目的是說服挑剔的主管和客戶，並說服他們認同自己的報告內容。由於上班族每天上班都在做這些，所以做得比任何人都好。

報告存在著一定的格式和方法，那麼，我們像寫報告一樣概括傳達世界地理的展覽如何？從眾多世界地理資訊中精選內容和目標，概括相關知識後，製作成如同公司報告般，僅看概要就可以大致理解的內容。

如此一來，不僅容易分類和管理，也能更輕鬆說明並使人理解。對想輕鬆廣泛了解世界地理的人來說，這資料再好不過。

另外，我們也試著運用會議這個模板吧！會議的特點是對話，所以我們不要只是單方面傳達地理知識，像會議一樣採用問答的形式如何？我們可以訂定今天的議題後，提出問題來討論並得出結論。

iPad 繪畫－畫動物－簡單說明－外送食物

這幾組關鍵字連結起來也非常不自然。外送的核心是送到家裡，那我們以外送的方式發送用 iPad 畫動物的方法如何？說明畫老虎時就遞送老虎，解說兔子時就遞送兔子。我們不是去送餐，而是今天送兔子，明天送老虎。

由於組合方向是「簡單說明」，所以我們必須讓學習繪畫的過程像點外送一樣簡單，讓大家能輕鬆畫出像樣的動物。由於我們要結合外送的概念，所以我們可以將內容設計成，像外送應用程式一樣的菜單和價格，來引起大家關注。這樣一來，「iPad 繪圖課」如此單純的內容，就變成了「為大家配送可以畫出各種動物的套餐」。像這樣思考並代入相反的關鍵字模板，肯定能讓自己成為相關內容的首位創作者。

看到這裡，你可能會提出這樣的問題：「除了數據中的關鍵字之外，如果加入數據中完全沒提到的關鍵字，並代入該模板會不會更方便且更簡單呢？」雖然這也是很好的方法，但是你也可能因此錯過重要的東西，因為數據中的相反關鍵字才是你的不精通的才能。

看新書對我來說是不專精的才能，這句話的意思是，比起其他東西，我更了解也對新書更感興趣，所以透過新書尋找模板或建構內容會相對容易。換句話說，**發揮這種能力的重點是結合擅長和感興趣的東西**。世界地理策展就是如此，儘管製作報告是上班族每天都會感到厭煩的工作，但是與地理知識結合就變得很有趣。iPad 繪圖結合外送概念也是同樣的道理。

將外送選為重點字，是因為我已經對外送相關的資訊或運作有一定程度的了解。換句話說，如果你希望輕鬆想出相反的關鍵字，並將其選為模板，你就要熟悉該重點字，例如若你一次都沒演奏過古典樂，那就不可能將其作為模板。

當然，如果你已經熟悉這樣的過程和連結工作，即使沒那麼了解某個領域，也可以借用某些特徵。但是現在仍是初學者的你並非如此，所以請不要著急，從自己熟悉的領域慢慢尋找吧！

11 如何拉攏路人變粉絲？

透過前面的例子，我們已經了解如何運用不純熟的才能，以及用有魅力的概念創作的方法。但是到目前為止，這都只是直覺式的理解，也就是我們仍停在「啊，那樣做應該很有趣」的程度。

當然這樣的直覺很重要，但是如果能在這種直覺上，再增添大眾會關注並喜歡的邏輯和根據，那就更好了。

你甚至**可以藉由制定相關的邏輯和標準，說服那些覺得你的才能沒意思且不怎樣的人成為你的粉絲**。

如果你對我說的這些話感到懷疑，我希望透過下面的例子更進一步說明。

先發制人，掌握顧客的意見流向

一般人在購買不太了解的商品時，都會想買市面上排名第一的產品，因為比起第二名，多數人往往更信任第一名。「哎呀，排名第一就表示比其他商品都好，所以我應該會買第一名吧！」、「第一名有更多人使用，想必有其特殊的優點。」我很常聽到類似的想法。

「Avis是排名第二的租車企業，但是人們為何仍願意來找我們租車呢？」、「我們是第二名，所以更加努力工作！」這是美國租車公司「Avis」在一九六三年使用的廣告標語。

顧名思義，他們坦承自己不是第一名，所以更加努力。「我們是第二名，所以只能努力，不給顧客沒打掃過或沒保養好的車。因為排名第二，所以我們只能用盡全力！」

他們的話在六十幾年後的今天仍讓人贊同，並且在看到他們文案的瞬間產生好奇心。事實上，他們的策略確實帶來了很好的效果。

其實，Avis並不是業界第二名，他們的市占率僅為二％到三％，在投放廣告前，他們虧損了一百二十五萬美元，相反的，業界排名第一的「Hertz」市占率卻超過了七〇%。

但是 Avis 在實施上述行銷後，情況發生了變化。十多年來始終保持赤字的 Avis 當年立即轉虧為盈，並持續成長。看似強大的 Hertz 市占率則在一九六六年暴跌至四五%左右。也就是說，Avis 吸收了競爭公司相當大的市占率，真的爬到了第二名的位置。這種「第二名行銷」在全世界多個業界被利用。

如果你在一百人中排名第五十名或者最後一名會如何？若你能說出第五十名，甚至最後一名值得信賴的理由，大家就會開始接受。當然，我並不是要大家以不專精的能力進行排名競爭，而是希望藉由這樣的比喻，告訴大家讓大眾關注自己做得最舒服、自然且持久的能力有多重要。

如果你認為不會有人喜歡你的才能，你也不要放棄，而是應該尋找、建構並傳達。Avis 不因為市占率不及五%就認為消費者不會喜歡他們，並因此放棄，而是制定策略並找出值得客戶信賴的理由。

接下來，我要告訴大家如何守住自己擅長的事，並繼續做自己喜歡的事。

首先，**你必須規定大眾「你們喜歡這樣，不喜歡那樣」**，換句話說，就是**在**

顧客評判前，先把自己制定的標準拋出去。如此一來，你就能掌握想法的流向。

接著按照這個標準進行驗證，這是「先定義，後驗證」的方式。

讓我們再回到Avis的故事，他們制定了「因為落後，所以更加努力」的明確標準，並向大眾傳達自己是第二名，同時宣布自己將更努力清潔和維修車子。如果他們沒有提出任何標準，廣告詞就會變成「我們會更加努力的維修和清潔」，很快就會追上第一名」，這樣大家就只會記得他們是比不上第一名的公司。

我舉面試的例子再加以說明。面試是我們向他人證明自己的能力，並積極引發他們好奇心的過程。大部分人都會說：「您好！我擁有○○○能力，我應徵○○○，我是這樣／那樣的人，我的這種能力和經驗在○○公司的○○業務扮演重要角色，透過這個，我夢想○○○的未來！」

雖然每個人的表達方法略有不同，但是形式上無太大差異。我們不能以此方式進行面試，在傳達自己的能力前，應該先告訴對方他們需要知道的標準。

當然，面試官通常有評價面試者的制式標準，但是這些看似完美的標準，仔細觀察就會發現還有一些尚不明確的空間。公司選拔面試官並進行面試訓練，也是為了盡可能消除這些漏洞。

如果面試者能夠掌握面試標準的漏洞，並先一步以自己的定義填補，就可以主導面試的流向。然而，大部分人卻相反，他們往往盲目宣傳自己的才華和能力，而沒有先給面試官對自己有利的判斷標準。

● 例子 1

我可以很快吃完蘋果（所以呢？）這可以提供你們○○，並起到○○的效果。（但是不僅是蘋果，連葡萄都能快速吃完的應徵者不是更好？其他應徵者葡萄吃得比你好！）所以我是你們不可或缺的人。（是否真的需要你，我還要再考慮一下！）

● 例子 2

貴公司因為種種原因需要快速吃蘋果的人。（是的，沒錯）那麼，我們來看一下我吃蘋果的速度是不是很快！（很好，我也很好奇。）透過各種經歷和能力，您可以確認我吃蘋果的速度很快。（確實如此）這樣的我，會提供您們○○○，並起到○○○的效果。（沒有別的了嗎？／真的是這樣嗎？）

上述兩個例子的核心內容相同，都是「我吃蘋果吃得很快，所以請選我。」但是例子一讓對方產生懷疑，例子二卻激起對方的好奇心，為什麼會這樣呢？

正如我前面所說，差異在於是否明確給面試官對自己有利的評價和驗證標準。為了引起對方的好奇心，重點在於明確提出對方須具備的合理認知框架，並且用該框架傳達對自己有利的標準。

將此方法帶入不專精才能運用法的流程如下。

1. 先定義：A表示在考慮B、C、D時需要E這個標準。
2. 提出驗證標準：那麼，讓我們確認一下自己的內容是否符合滿足B、C、D的E標準。
3. 後驗證：由於種種因素，我滿足B、C、D，所以我符合E標準。

下面我們用之前看新書的例子，來看結合此方法後，該如何介紹在地空間資訊吧！

1. 對旅行或美麗空間有興趣的人，會經常尋找各地漂亮的空間。空間旅行不只是坐在座位上享受，親自尋找並移動到該空間的過程也很美好，所以相關資訊的可靠性非常重要。

許多有這種興趣的人會希望能每天去多個地方，所以想要能快速、多樣、簡單、準確的了解相關資訊。書店的暢銷書系統（模板）正好符合這個標準。因為該系統是透過銷售數據和專家推薦等快速、多樣、簡單、準確的介紹信賴度高的好書。（先定義）

2. 那麼，讓我們確認一下自己的內容是否具備迅速、多樣、簡便且準確的空間介紹方法。（驗證標準）

3. 像暢銷書一樣按週或月更新內容，同時按照類別（地區、綜合、時間等）分類、篩選並介紹社交媒體上常被標註或評分高的好空間。在網站首頁將這些空間設計成如同暢銷書封面一樣的縮圖，讓頁面就像進入書店般一目瞭然。

透過這些我們就能確保內容的多樣性和準確性，並為顧客提供簡便性和迅速性。換句話說，我們借用暢銷書模板滿足了四種標準。

透過上述流程，相信你可以感受到用新書模板介紹在地空間，不只是在直覺上有趣，而是有其必要性。你必須向他人具體表達為何要喜歡，並需要你不專精的能力。這樣一來，你自然能擁有該如何準備哪些東西的經營參考標準。

高手不說服顧客買單

讓我們回想一下此才能的運用法之第一步，也就是「本能的連結在地空間和看新書這個模板」。你之前也許很疑惑該如何串起看似無關的東西，並打造出人們可以接受並喜歡的內容。但是現在看來，你應該會覺得沒有比這更合適且合理的搭配方法了。

以下我再舉一個先定義後驗證的例子：

「假設現在坐在教室裡的學生們是賣洗衣機的人。客人想買兩百萬韓元的洗衣機，學生們該如何說服他買兩百五十萬韓元，而非兩百萬韓元的洗衣機呢？」

「教授！我認為先充分理解客人想要的是什麼，再詳細比較並說明兩百萬韓元和兩百五十萬韓元的產品差異，如何？」

「如果是我，我會建議先介紹兩百五十萬韓元的產品，之後再說明兩百萬韓元的洗衣機。如同我們給人的第一印象很重要，我會先針對兩百五十萬元的產品進行讓人印象深刻的說明，並引導顧客購買。」

「贈送很多贈品或打折如何？」

「很好，這些想法都不錯，但是大家的方法都無法成為好的策略。」

「為什麼呢？」

「請大家思考這些方法為何沒有用。」

「大家說的傾聽消費者需求、做吸引人的說明或提供特別優惠等都有不好的共同點，這也是**一般人在行銷時常犯的錯誤，那就是只想著要說服顧客。但是高手們卻不一樣，他們想的不是說服顧客，而是讓顧客自己提出要求。**

「簡單來說，就是讓顧客好奇兩百五十萬韓元的商品究竟是如何。那麼，該怎麼做呢？不是瑣碎的說明、提議或勸導，而是乾淨俐落的提出核心問題！」

「什麼？要用什麼方法呢？」

「這有可能做到嗎？」

「很簡單，首先，顧客會告訴銷售員自己想要的設計、功能和價格等，充分聽取後，請不要提及產品，而是這樣提問：『請問您是否願意再花五十萬韓元，購買能滿足您需求的商品呢？』此時客人的反應會分成兩派，有意願和沒意願，但是這兩種反應都源於同一種態度。那就是『為什麼要加價？再加五十萬韓元會有什麼變化嗎？』

「他們會自然而然想知道賣家問自己是否願意加價的理由，並且認為那個『理由』不只是在說明兩百五十萬韓元產品，因為他們不會覺得自己是在聽產品說明，而是會認為是在聽自己好奇的理由。雖然我們是對兩百五十萬韓元的產品進行了同樣的說明，但是顧客聽的態度和專注度卻完全不同。」

「哇，那真的有效果嗎？」

「當然了，你認為資訊和廣告的差異為何？就差在必要（資訊）和不必要（廣告）。那麼，好的情報和普通情報的區別又在哪呢？在於對方是否好奇。如果我們告訴對方的不是廣告或商業上的建議，而是讓對方主動想了解的資訊，結果就會截然不同。這樣大家都能理解了吧！」

以上對話來自我在大學時期修「商業協商論」課程時，教授藉由與學生對話傳達協商的要領。在這裡，引起對方好奇心的是隱藏在「能多花五十萬韓元」這個提問中，「多花五十萬韓元會有所不同」的定義。

到目前為止，我們以想做什麼（關鍵字），其中做哪個更好（具體主題），用什麼方式傳達（組合方向）進行思考。此外，我們也進一步在了解（建構概念&首創內容）後，用具體例子進行練習。

因此，我們已經大致描繪出設計不純熟的能力和實施方法。例如，我們已經思考過「拍影片比文字書寫更好」、「要做到這一點，設計非常重要」、「比起線上活動，在線下經營社群更有趣」等。

然而，目前我們尚未完全內化此運用法，為了透過完整的運用方法，將這些能力變成生財的武器，我們還剩下一個過程。

12 誰救了孟嘗君？你看不起的「雞鳴狗盜」

春秋戰國時代是混亂時期，各國霸主和貴族為了培養勢力，從各地聚集了眾多人才。其中，齊國的孟嘗君沒有隨意對待那些來到自己身邊的人，而是好好招待他們。某天，兩名食客來拜訪，孟嘗君問他們：

「你們有什麼本事？」

「我會學雞叫。」

「我會模仿狗叫聲。」

在旁邊聽到這兩句話的其他人大聲嘲笑：「那也能算本領嗎？」但是孟嘗君認為這種才能也許有用，所以接受了他們。此後，孟嘗君受齊王之命前往秦國，他帶了多名食客同行。

秦王很滿意孟嘗君，所以希望他來當秦國的宰相，但是身為齊國人的孟嘗君因為受到秦王的信任，所以招致秦朝大臣們的嫉妒，他們告訴秦王，若讓齊國人擁有權力，他就只會照顧齊國，並威脅秦國，所以應立刻殺死他。

秦昭王被大臣們說服，伺機殺死孟嘗君一行人。孟嘗君察覺到氣氛不尋常，所以想逃跑，因此他請秦王的愛妾說服秦王救自己，愛妾答應了請求，卻要求孟嘗君獻上狐狸皮製作的貴重衣服「狐白裘」，但是孟嘗君已經在到達秦國時，將那件衣服作為禮物獻給秦王了。正當大家在苦惱時，善於模仿狗的食客說：

「我會偷過來的，請不要擔心。」

該食客躲進宮中倉庫，每當遇到被警衛發現的危機時，他都會模仿狗的聲音，將警衛吸引到另一邊，所以安全偷走了狐白裘。收到狐白裘的愛妾說服秦王不殺死他們，因此孟嘗君一行得以逃出宮。他們為了離開秦國而來到國境。

可是孟嘗君一行人再次面臨危機，由於天還沒亮，所以國境關口沒打開，聽到孟嘗君一行逃離宮殿的消息後，秦朝大臣們認為如果讓孟嘗君等人回國，將會有大後患，所以緊追在後。

在國境關口未開，追擊隊緊追在後的危急狀況下，大家都急得直跺腳。這時，擅長模仿雞叫聲的食客發出雞鳴聲，聽到此聲音，村裡的雞全隨之啼叫。而聽到雞叫聲的警衛以為天亮了，於是打開關口，最終孟嘗君一行成功逃出了秦國。

因為食客微不足道的能力，孟嘗君安然度過差點死掉的危機。這是成語「雞鳴狗盜」的背景故事，就是「模仿雞叫聲，以及模仿狗吠叫來竊盜」的意思。換句話說，渺小的才能也是有用的。

若能用這樣的才幹拯救自己的生命，實現讓自己心動的夢想，那就是超群的才略了，所以知道如何將看似不起眼的能力，轉變為有用的特殊才能很重要。**因此我們應讓自己成為孟嘗君，將自己平庸的才能打造成隨時都可以利用的武器。**

為此，我們應該再進一步深化，不要只停留在熟知或了解的階段，而是要進入內化的階段。要想完全消化前面提到的方法，並達到可以自由運用的程度，我們需要什麼樣的練習呢？

透過前幾節的內容，我們已經了解何謂不純熟的才能，以及運用它的具體方法，透過這些說明，我們將自己擁有的能力一一組裝，並製作出成品，如同按數學公式依序解題般一步步找出答案。

但是，為了內化，我們必須看著別人完成的成品，進行分解和逆運算。我們從一到十按順序理解，再看著已經達到十的例子，從九、八、七到一依序分解並分析。簡單來說，我們必須具備分析他人的事例並內化的力量。

不一定要看完全符合這類才能定義的例子，只要是以獨特的想法抓住大眾的心，並藉此達成理想的事例都包含在內。從某種平凡的東西開始，思考並掌握該如何創作相關內容，我們就能更深入理解這些人擁有的才華。

請將那些當事人也認為只是一閃而過的想法，或天生特質的優秀案例也納入此運用法，並透過分類和分析這些事例，養成能夠深入理解運用法的力量。

培養這種能力的過程，就等同於內化了「不專精才能的運用法」。那麼，讓我們用此方法來了解其他人的獨特事例是如何形成的吧！

13 有人靠賣垃圾，賺了兩百萬

一般來說，一提到觀光商品和紀念品，大家都會自然而然想到一些東西，最具代表性的就是鑰匙圈、地區特產、印有地標的衣服、杯子等各種生活用品。然而，如果有人把當地的垃圾做成觀光商品，你怎麼想？肯定會覺得不可能吧！

但是實際上真的有人這麼做，而且還銷往全世界三十多個國家，賣出超過一千三百個。據說，根據內容物的不同，多數商品售價為五十美元，限量版價格則高達一百美元。這種事情到底是怎麼辦到的？

活躍於紐約的賈斯汀・基格納（Justin Gignac）是一位藝術家兼企業家。他撿起垃圾，放入透明小方塊並拍照，在網路上以「紐約的垃圾」（Garbage of New York City）為商品銷售。

內容物有星巴克杯、百老匯門票、餅乾袋等。另外，還推出了年末在時代廣場撿到的垃圾、紐約洋基隊勝利遊行時撿到的垃圾、在美國前總統歐巴馬當時就任儀式所撿到的垃圾等，都是特殊日子拾到的限量版垃圾。

他以紐約的故事賦予被丟棄的垃圾新的價值。人們為什麼會買這樣的東西呢？他究竟是如何辦到的？我們可以深入分析他運用此想法的方法。

首先，這個案例具有一下子就吸引人目光的特徵，因為他是第一個結合垃圾和觀光商品的人。他利用紐約的象徵性意義，創作出大家喜歡並願意購買的理由。紐約是舉辦世界性文化演出、展覽、時裝秀的經濟文化藝術中心，所以人人都對紐約抱有憧憬。因此，他設定的框架是將大家憧憬的紐約文化融入垃圾中，這屬於不專精的才能運用法中的成為第一個創作者，以及框架設定。

當然，賈斯汀不可能知道我提出的運用法，但是我們仍然可以分析他是透過什麼樣的過程，構思出販賣紐約垃圾的創意。讓我們將這個例子代入不專精的才能運用法之四個階段吧！

散步－撿垃圾－新穎的點子－紀念品

如果我是在尚未了解不專精的才能運用法前看到這個例子，我可能會說：「哇，這個人真有創意，這樣的才略應該是天生的！」但是現在的我應該會分析：「啊，原來他是這樣成為第一位創作者，看來他是利用了這樣的框架，並經歷了這樣的過程啊！」

將不利之條件，變成奇特的熊爪咖啡

中國上海有一條長一百五十米（即一百五十公尺）的永康路，這裡的風景與一提到上海就會想到的美麗建築相去甚遠。當地建築老舊，在建築之間座落著小巧可愛的咖啡館和餐廳。

這裡被認為是可以放鬆享受早午餐，並迎著陽光喝咖啡的好地方。此處有許多異國風情的美食餐廳和店鋪，雖然每個人的感受不同，但是去過永康路的人都會認為這是很有魅力的地方。

最近有家咖啡店把永康路炒得更火熱。那家店沒有招牌和出入門，訂單只能掃 QR Code 訂購，也不能內用，只能外帶。由於遞送咖啡的窗口只有一個，所以要等很久，是一家絕對不會與店員面對面或對話的咖啡館。

儘管如此，該店仍在中國乃至亞洲各國被熱烈討論。為什麼大家會熱衷這家咖啡店呢？

通常，大家都會想：「到底是多好喝的咖啡才有那麼多人排隊？」但是這家咖啡館的人氣祕訣並不是味道。它的店名「HINICHIJOU」是日文，意思是「非日常」，也被稱為熊爪咖啡，因為客人點咖啡後，會有隻「熊掌」從小窗口遞上咖啡。

當然，那不是真正的熊掌，只是店員戴著毛絨熊掌手套。這隻熊掌會在遞上咖啡時用手指比出勝利手勢V，並撫摸客人的頭，偶爾還會送上玫瑰花。

聽到這裡，你可能會想：「嗯，這真是有趣的點子！」但這家店的店員更值得我們關注——製作咖啡的員工是聽障人士，帶著熊掌手套遞咖啡給客人的店員則是臉上有燒傷疤痕的人。

考量到必須頻繁與顧客面對面點餐、聽取要求並提供服務的咖啡廳特性，聽障人士和臉部有傷痕的人很難在咖啡館工作，但是熊爪咖啡解決了難以與顧客直接面對面，或無法聽取顧客訂單的侷限，並反過來利用這種限制，變身為具有獨特魅力的咖啡廳。

那麼，不與顧客面對面遞咖啡的熊爪咖啡是怎麼想出這個概念的呢？他們擁有的不利條件是「殘疾和傷疤」，所以最讓他們苦惱的就是與顧客「面對面」。這引發他們思考，在不面對面服務的情況下也不讓客人感到疏離，甚至會覺得神奇且有趣的方法。於此，他們連結了完全相反的關鍵字「熊爪」。

殘疾和傷疤－面對面的困難－神祕且有趣的服務方式－熊爪

他們用上述的方式打造出以非面對面的形式，只用熊掌遞出咖啡的原創概念和服務。

這次，我們來看看位於澳洲的特別三明治店吧！通常，我們會認為三明治店會開在一樓或二樓。因為這樣的位置容易進入顧客的視線，路過的顧客才會走進店裡。

但是澳洲的這家三明治店位在七樓，是一個不利的位置。雖然不會直接導致生意不好，但是這樣的條件也無助於生意。畢竟，誰會為了買三明治特地爬到七樓呢？然而，這家店出色的利用了這個對自己不利的條件。

這間三明治店的店名是「Jafflechutes」，Jaffle 在澳洲是三明治的意思，Chutes 則是指降落傘（Parachutes）。有些人可能已經猜到了，該店將顧客訂購的三明治掛在降落傘上從七樓送下來，讓在網路上訂購的顧客可以跳接掛在降落傘上的三明治。

顧客們訂購並跳接三明治的過程不是單純的消費行為，而是一種遊戲。想想自己點的食物從天上搭著降落傘下來，自己開心抓住食物的樣子。為了體驗這樣的樂趣，一樓巷弄裡排起了長長的隊伍。

這家店將不利的位置因素，轉換為大家可以享受並感受到魅力的要素。做生意不方便的七樓反而成為他們的武器。

接下來，我們用不專精才能運用法來分析 Jafflechutes 的誕生過程吧！對他們來說，七樓的位置是不中用的條件，並且為客人帶來外帶和來店的困難。他們為了讓客人覺得這個不利條件很有趣，便以此作為組合方向，提出了關鍵字「降落傘」，從而制定了「降落傘三明治」的原創概念。以此概念為基礎，他們將訂購三明治的過程變成遊戲。

七樓—來店困難—有趣的（遊戲）—降落傘

「獨特」有時往往沒有我們想像中特別。用熊爪遞咖啡、把三明治掛在降落傘上扔出去，每個要素分開來看都很平凡，但是將這些要素合而為一就成為了有趣的主題。

如果說煮出好喝的咖啡、製作健康美味的三明治是專業的才能，那麼這兩家店也許不是那麼出色且專業，但是仍引起人們的好奇、關注和狂熱。我們也要像這樣活用自己的興趣。

我除了將職場生活作為藝術作品的靈感來源，並提出「上班族藝術家」這個概念之外，在生活的各領域也積極運用不純熟的能力。從現在開始，我們一起來看看並分析一下我的事例吧！

14 因為不專精，大企業資助我去旅行

如果有人願意贊助你長期旅行所需的費用，你覺得如何？是不是光想像就很開心呢？再加上你可以在旅行時見到三星電子副總裁、釜山市長等名人，並和他們一起喝茶聊天、詢問你好奇的問題，這將會是一趟很棒的旅行。

如果想實現這個一想到就讓人忍不住微笑的旅行，我們該怎麼做，又該具備什麼樣的背景和才能？

大部分的人都會認為，應該要像花式溜冰選手金妍兒或足球選手孫興慜一樣，具備某個領域的卓越才華，成為獨一無二的人物或知名旅行專家。又或者你會認為，想達成這樣的願望需要企業提供贊助，或是擁有尋找引起大眾關注的人物或旅行主題的能力。

尤其是想見三星電子副總裁、釜山市長等名人，大家都會認為應該要有適當

的理由或讓人感到好奇的背景。如果只是二十多歲，了解旅行的種類和方法的學生，多數人都會認為是不可能實現的。

不過，解決的對策其實很簡單，只要企劃然後提出僅憑自己的條件和能力，就可以獲取大企業的資助，並讓社會知名人士也好奇的獨創旅行即可。那麼，我們該怎麼做呢？

再微不足道的點子，也能發光發熱

我從很久以前就嚮往旅行，但是由於條件不允許，所以我沒能經常旅遊。也許是為了得到慰藉，我一有空就喜歡看旅行紀錄片和相關書籍，而且對於旅遊一直以來的憧憬，也讓我有了退伍後一定要嘗試一次全國旅行的決心。

因為我看了很多旅行散文和紀錄片，所以知道許多獨自旅行的方法。其中最讓我心動的是「主題旅行」。就是訂定特定主題，向與主題有關的企業提交宣傳提案書，並獲得旅行費用贊助。

有人從曳引機公司得到曳引機贊助旅行全國；想環遊世界的人，則以向世界宣傳韓國拌飯為主題製作提案書，並得到環遊世界的費用。除此之外，還有許多透過各種主題得到企業贊助而去旅遊的人，他們在介紹這種旅行方式的書中詳細記載了得到贊助的過程。

首先要訂定旅行主題，這是最重要的。我打造的旅行主題是「尋找熱血青年——尹相勛青年導師的全國旅行」，這究竟是什麼樣的旅行呢？

當時的我沒有出眾的能力和背景，我那看似不中用的才能在於對旅遊的興趣，也就是想環遊全國，細節主題是得到企業贊助的「主題旅行」。這個旅行不只是我一個人的享受，而是想藉此傳達能幫助二十多歲同齡人的訊息，也就是說，「能夠幫助他人」是我的組合方向。

另外，我還加了一個關鍵字，那就是「知名人士」。我構思出的草案為「尋找知名人士，為期一週的全國之旅」，但是僅憑這些是不夠的，我還需要說明為什麼要找名人、如何讓他們肯見我一面，以及企業為何要贊助我等具體執行步驟。

為了讓內容更加清晰，我使用了不專精才能的運用法。

此外，為了可以採訪名人，並讓企業願意支持我，我可以利用的不專業的才能是「二十多歲的青年」，細節主題則是「徬徨的二十多歲年輕人」，組合方向是「新奇」。經過這些事前準備工作，我提出了關鍵字「採訪」。

透過「二十多歲青年－徬徨的二十多歲年輕人－新奇－採訪」的框架，我提出了「徬徨的二十多歲年輕人新奇的採訪活動」這個原創概念，並與之前提出的「尋找熱血青年尹相勛青年導師的全國旅行」概念結合，打造出旅遊目的為採訪的「青年導師探訪」。

透過上述的思考過程，採訪知名人士的邏輯架構變得更明確，並不是一個學生的單純拜訪，或是普通大學生盲目的要求贊助，而是身為韓國的平凡二十多歲年輕人，為了尋找出路而鼓起勇氣踏上的真正旅程。

我就是這樣以找尋徬徨青年的答案為由提出贊助要求。

我將旅行採訪的目的擴展為「回答所有徬徨的二十多歲青年」，這與我透過不專精的才能運用法得出的主題完全吻合。確定主題後，我參考其他得到贊助的案例，制定了旅行企劃書，還拜託懂得設計網頁的朋友製作了旅行海報和圖片。準備了將近一個月，經過許多波折，我終於完成了提案書。

備妥好計畫書後，首先要做的就是邀請導師。我寫下一定要採訪的人名清單，大約有三十多人。我仔細研究他們寫的書和過去的採訪內容，並查尋他們的聯絡方式，但是這並不容易。

尤其要邀請韓國多數新鮮人都想進入的三星電子副總裁尹富根（當時任總經理）更是渺茫。即使如此，天助自助者，自助人恆助之，我在積極聯絡的過程中，得知尹富根副總裁要來釜山演講的消息，主題也與青年有關。

我放下工作前往演講會場，近一小時的演講結束後，主持人剛問完：「是否有人要提問？」我就舉起手喊道：「我想問問題！」那一瞬間，所有的觀眾都看向我。

我手裡拿著麥克風，沉著的問：「總經理，您好，非常感謝您今天給青年們這麼好的建議。我正在計畫一趟特別的旅行，主題是走遍全國，拜訪並採訪可以成為青年導師的人。如果我前往水原，是否有可能拜訪並採訪您？」

我的提問結束後，觀眾們的視線回到講臺上的尹富根副總裁。

「是的，這是個很棒的計畫，當然可以，請透過祕書聯絡我。」

話音剛落，現場爆出歡呼聲，我走到一樓遞名片給祕書。之後，尹富根副總裁按照約定，在繁忙的出差行程中抽空接受了採訪。我就這樣在旅行到水原時，在他的辦公室進行了一小時左右，以二十多歲青年為主題的訪問。

另外，我僅透過推特就成功聯絡到當時的釜山市長——許南植。我向他說明相關內容和採訪邀約後，立刻收到了他的回覆。這些瞬間的成功快到讓我摸不著頭緒。

旅行的最後一天，我在釜山市政府採訪許南植市長。此外，我還邀請了暢銷書作家、旅行家、風險公司CEO、餐飲業代表、知名畫家、小說家等，只在電視或書籍中看過的十三位名人，並在旅遊途中進行採訪。

讓我們重新回到我準備旅行的期間。雖然我翻越了邀請導師這座大山，但是挑戰尚未結束，我需要尋找贊助商。我抱著即使沒有汽車資助，至少也要有自行車或機車贊助的想法聯絡了許多家公司。

在此過程中，我得知SK通訊（Cyworld）將要舉辦實現普通人夢想的「夢想活動」。該活動是在網站上簡單寫下自己的夢想和故事便能完成申請，只要通過申請，他們就會給予必要的支援。

因為他們沒有限制夢想的領域，而是以故事作為申請格式，所以聚集了很多申請者。我不想錯過機會也報名了，幸運的是，我從數千名參賽者中脫穎而出。我被選中後，與負責人開會時，我問他們為什麼選了我，負責人表示這是一個引起人們好奇心的魅力主題旅行。

透過不專精才能的運用法，我從最普通的條件中拚湊出的主題讓我得以成功，所以我得到了在三個月的旅行期間可以盡情使用車輛、油錢、旅行裝備和其他物品的資助，也因此得以在那三個月毫無顧慮的遊覽濟州島、鬱陵島、獨島等全國數十個地區。

當然，我不是只靠原創概念和旅行主題就成功。有人知道這個過程後，誇讚我非凡的毅力和行動力，我認為他說的當然有道理，我可以肯定的是，如果沒有利用這套運用法制定出主題，我絕對不可能成功。

無論多強壯，體力多好的人，如果沒有槍就這樣光著身子跳入戰場，一天也撐不下去。**我的努力和執著之所以能夠發光發熱，是因為我手裡握有不專精的能力這個強大工具，若沒有它，光靠努力是行不通的。**

重要的不是多麼出眾或有才華，而是能否利用不精通的才能，在平凡中創造出有魅力且引人好奇的好主題。總而言之，這樣的成功不只是某個人的故事，而是可以成為所有人的故事。

透過上述的事例，相信大家都能了解，即使我們沒有像登山家嚴弘吉或金妍兒那樣突出的本領，但是也能以平庸的才能和平凡的興趣受到關注。

如果你覺得這些例子仍不足以說服你，那麼，讓我們進入更加極端的環境吧！在一切都受到限制的軍隊中，這套運用法還行得通嗎？

15 這樣的商業模式，我申請到專利

在韓國出生且身體健康的男人都必須去一個地方，那就是軍隊。大學一年級課程結束後，我在江原道春川入伍，但是我沒有履行國防義務的使命感，也不想白白浪費時間。

由於我沒有出眾的才能和背景，所以只能作為平凡士兵進入江原道前方部隊，但是我希望退伍時，能擁有人人都想要的特別經歷，我便透過不專精的才能運用法實現了這個願望。「得益」於此，我在服役期間接受了情報部隊的調查。

仔細來說，我在服兵役時，曾在情報部落（前國軍機務司令部）審訊室接受過調查。在軍隊中，情報部隊相當於國家情報院（類似臺灣的國安局）。是因為我犯了什麼大罪嗎？完全不是，內幕是這樣的。

我大學一年級在修專業課程時，曾做過「商業模式」研究，這是很有趣的研究。雖然我無法馬上創業，但是思考人們需要的服務或產品，並建構出模型是很讓我興奮的事。

然而，就像愛好和專長不一定相符，我的商業模式課程成績和我的興趣程度呈反比，只得到了不太理想的C+。我不顧成績好壞，既然都修了喜歡的課程，遂決定將修課時的想法都記錄下來。這個記錄的習慣延續到我入伍，而寫筆記的習慣就是我所擁有的看似不中用的能力，商業模式則是細節主題。

某個週末晚上，我們分隊隊員們坐在一起看新聞，我看到了專利相關的報導，主要內容是比較說明韓國的專利申請件數和其他國家的專利申請件數。看到那則新聞，我才知道專利種類中有商業模式 BM Business Model 專利，意思就是不僅是產品，只要詳細制定明細表並提交獨特的事業創意企劃書也可以申請專利。如果通過審查，就可以獲得專利註冊號碼。

在得知這個消息後，我認為如果我在軍隊內申請專利，就能引起大家的關注和好奇。就這樣，我利用「記筆記的習慣－商業模式－獨特－軍隊」的順序，像「上班族藝術家」以及「二十多歲青年尋找導師的旅行」企劃一樣，在軍隊中創造了「申請專利的軍人」這個原創概念和組成方向。

為了馬上實現這個目標，我積極展開行動，但是現實卻不樂觀，因為我從未申請過專利，也不知道該如何進行。更何況，我不像軍官或副士官那樣有下班時間，也不隸屬休假或外宿自由的部隊。

然而，經過四個月的準備，我順利申請到「提供任務的線上交易方法」這個BM專利，頓時蔚為熱門話題，並刊登在《國防日報》和國防雜誌上。情報部隊看到《國防日報》的報導後，認為在江原道野戰部隊服役的士兵，以正常方式申請專利很奇怪，所以懷疑我是否利用非許可的儲存裝置與外界來往，因而展開調查。

我在接受調查時，冷靜的說明專利申請過程和準備方法。最終，我的誤會解除並順利被釋放。現在回想起來，這真是一次讓人心驚膽跳的經歷。

在軍隊這樣充滿限制的環境下，我究竟是如何申請專利的呢？我當然沒有對專利的淵博知識或卓越的經驗和才能。正如我前面所說，現在已經是可以透過網路、線上平臺等工具輕鬆完成計畫的時代，我只是積極利用了這些工具而已。

首先，我透過每個週末兩到三小時允許上網的時間，確認了申請專利所需的資料、費用、流程、注意事項、發明說明書和明細書等架構，搜尋和整理必要資料並不困難，近來連國高中生也可以獨立申請專利，與此相關的資料網路上很多，也整理得很好。

專利的主題則是我平時就感興趣的「商業模式」，我將這些內容按照透過網路搜尋到的發明說明書格式重新整理。其次是尋找符合申請條件，能將專利創意製作成專利明細書的專利代理人。

我也是透過網路搜尋並聯絡專利代理人。前後共準備了四個月，在這段期間，雖然我一次都沒有離開部隊，所以進展緩慢，但是透過電子郵件和電話我也能和代理人充分交換意見。

申請專利其實不是什麼特別的事，內容只是大學課程水準的商業模式，並不足以改變世界，但是《國防日報》和雜誌之所以刊登，是因為「軍人」獲得了專利。像這樣平凡的事物，也能依據獨特的連結引人好奇，並打造出不同的結果。

我之所以能夠實現這個目標，是因為我記筆記的習慣和對商業模式的興趣，實現看似困難目標或願望的力量並不是我突出的才能，我是藉由打破人們對看起來沒用處之才能的偏見，來吸引大家的好奇心。

到目前為止，我們已經掌握了何謂看起來不怎麼樣的才能，也透過多個事例熟悉了運用方法。大家已經得到了很好的種子以及能夠讓種子成長的優秀農法。

然而，無論得到多好的種子和農法，如果沒有堅持不懈的態度，只會白忙一場。

下一章我將講述堅持執行這種能力的必備心態。在此要先提醒大家的是，持續實踐的核心態度是「大致試試」，如果你很好奇這是什麼意思，請集中精神看下一章吧！

第 3 章

人生不要努力，要規律

01 目標訂小一點，就能維持久一點

到目前為止，我們已經經歷了尋找和組建不精通的才能的過程，現在，請努力實現自己的願望。不過，在此之前，有一點我必須說清楚。

韓國人的代表性特徵之一就是「急性子」，另一個特質就是不論做什麼都毫不遜於任何國家的努力。在經濟合作暨發展組織（Organisation for Economic Cooperation and Development，簡稱OECD）內，只要比較勞動時間和學習時間就可以輕易確認這點，我們甚至連喝酒玩樂也盡最大努力，喝第二攤是基本，通常我們會續攤四、五次繼續喝。

我的一位美國朋友曾問我：「韓國人為什麼把旅行也當成工作？」我們常常因為捨不得休假，所以把旅遊行程排得很緊湊。美國人對於韓國人把旅遊行程排得讓人無法休息這件事感到不解。

韓國人學習、工作、吃飯、休息和玩樂都會拚盡全力，所以多數韓國人在什麼都不做的時候反而會不安。

然而，開發不專精的能力這過程，必須抱持著與上述不同的態度，我們不能花費太多時間和精力，而要毫無覺悟的開始，然後不需要太努力維持。

如果說以前我們努力取得成功的方式，像是為了摘山頂上盛開的花朵而奮力往上爬，那麼培養此能力之過程，就像尋找在空中飄盪的蒲公英種子並使其發芽。

想要爬上山頂，必須經過階段性的訓練和準備，並具備相應的堅實能力和才能。如果沒有這些，就無法看到山頂上盛開的花。然而，為了尋找飄浮在空中的蒲公英種子並使其發芽，而去定義已經定型之能力或所需的訓練是非常困難的。

因此，與其研究並思考如何尋找蒲公英種子，不如愉快舒適的開墾土地以盡可能種下更多蒲公英才是明智之舉。我們可以透過中庸的能力找到那塊土地，那麼，現在只剩下堅持與實踐了。

如果想持續實踐，就要做個「大概」，因為不精通的才能本身就是根據這種方向構成的。那麼，到底該**如何大致的做**呢？

許多人可能有誤解，這**並不是要你隨便做做、敷衍了事，意思是要輕鬆的開**

始，並且毫無負擔的完成。

例如，如果要讀一本書，不是告訴自己：「好，今天我要讀完這本書！」然後翻開厚厚的書，只看前半部就說：「唉，讀不下去了。」並闔上書。

我們應該告訴自己：「這是作為興趣讀的書，不要有負擔，一天讀一半就好！」如此思考並實踐就是做個大概。雖然是輕鬆完成，但是也是一種努力，其核心就是放鬆。

把目標訂小一點

我從小就接觸到棒球，一有空就和朋友聚在操場上打棒球。進入公司後，得知公司內部有棒球隊後，我立刻加入。

公司的每個分部都有棒球隊，每年都會舉辦競賽。在秋季正規賽排名第一和第二的球隊，會在該子公司的巨蛋體育場進行決賽。既然決定要參加棒球比賽，我也抱著要打進體育場的野心，一有空就練習，還自掏腰包付了教練費接受個人指導。

在學習棒球的過程中，我最常聽到教練對我說的話就是「請放輕鬆」。他要我放鬆身體並配合飛來的球揮動球棒，重要的不是用力擊球，而是精準配合，要做到這一點就必須放鬆。

藉此，我領悟到放鬆的重要性。剛開始，我在揮棒或投球時總是用力過猛，但是身體越用力，越容易疲勞，導致無法正常投球或擊球。相反的，當我肩膀放鬆，配合飛來的球揮動球棒後，我擊中的球總是能飛向另一邊。

我想：「啊，原來要這樣做！」一放鬆，我就看到了路。我放鬆下來後，覺得打球變得更有趣了，可以樂此不疲的練習更久。然而這個法則並不僅適用於棒球和運動。

例如，請想像A為了拍YouTube的吃播影片而購買高價相機和音響設備，還預訂了一餐幾十萬韓元的餐廳。由於他認為剪輯也要完美，所以花高價購買影片編輯課程。

這樣能持續多久呢？當然，如果初期就有很好的反應，也許可以長久堅持下去，但是這種可能性很小。相反的，在自家製作簡單的食物，用手機拍攝並簡易編輯後上傳會如何呢？只要下定決心，拍攝一天三餐後上傳並不困難。

再想想經營線下聚會的例子吧！如果你希望第一次聚會就有熱烈的反應，所以製作了徽章，還申請了場地定期租賃，以便每兩週在漂亮的地方舉行聚會。聚會的節目也精心策劃，但是其他人對你做好萬全準備的聚會，沒什麼反應或持否定態度，那麼你很有可能會失望並馬上放棄。

這些都是因為努力做了太多事，所以如果有需要改進的地方就會很難調整。與此相反，如果你抱持著「與合得來的人聊天」的想法，從容的籌備聚會將會如何呢？相信你的負擔感會減輕許多，也能持續做下去。

另外，即使出現需要補充的地方，也可以快速的修正。我想強調「大致做事」的核心，就是做任何事時都要放輕鬆。那麼，該怎麼做呢？有哪些更具體的實踐方法？

剛開始訓練時，教練再怎麼對用全力揮動球棒的我說放鬆，我也不容易做到。雖然知道要放鬆，但是我就是做不好。這時，就需要更明確的執行標準，最**可靠的方法就是盡量把目標訂小一點**。

例如在打棒球時，如果希望將球擊出至一百公尺處，即使要自己從容一點，在揮棒時仍會戰戰兢兢。相反的，如果抱著只飛一公尺的想法揮棒，緊張感自然就會消失，身體也會隨之放鬆。

將目標設小一點，緊張感就會自然減少，也會變得更鎮定。歸根究柢，**無論做什麼事，若想放鬆，就必須從小目標做起；不論面對什麼事，如果想做久一點，就要盡量縮短出發時間。**

然而，若你認為縮小規模所獲得的結果也會變小，那就大錯特錯了。我為了達成讓球飛一公尺的目標而輕鬆揮棒，實際上卻讓球飛出將近一百公尺。

另外，從小目標開始意味著凝聚濃縮，也就是在出手之前先縮短範圍，這也適用於我們的日常生活和工作。**將自己的想法、方向、概念和行動範圍盡量縮小，越濃縮其結果反而越大。**

例如，許多品牌往往用一句話明確描述品牌或商品形象，因為這比起華麗故事、文字和圖片更能有效傳達給更多人。

如果你想經營網站，不要一開始就想著要製作獨創性的偉大內容，先用花費半天就能製出網站的平臺做出網站吧！僅憑這個，就可完全實現自己想要的東西。

另外，如果想以感興趣的主題寫電子報，就先簡單整理出能用五篇文章傳達的內容即可。在運用不精通的才能做某件事時，剛開始應該盡可能減少時間、努力、關注度和費用。

如果有不足之處，到時候再補上，範圍越小，我們越能填補更深的顏色，也可以填得更充實。

02 你得先敲門，門才會打開

「大概做做」是堅持、實踐目標的基礎，也是抓住眼前機會的武器。通常，猶豫不決於開始新工作的人大致分為兩類，要麼是真的很懶，再不然就是想做到完美。

如果是因為追求完美而無法開始，這實在非常可惜。要求完美基本上意味著無法放鬆，如果用揮棒來比喻，就是想一次揮出全壘打。我們必須承認不完美，並踏出第一步。

「完美」指的是應達到的遙遠目標，而非可以馬上就具備的狀態，若我們總是追求完美，難免會錯過眼前的機會。

最近韓國流行小狗跳衛生紙牆的挑戰，就是在小狗前面用衛生紙堆成一道牆，看看牠們能跳多高。許多小狗在面對低矮的牆時，能輕易跳過並吃到牆後的零食，但是隨著衛生紙牆的高度逐漸升高，小狗們也做出了各種反應。

有的小狗輕鬆越過高達人類骨盆的牆，繼續享用零食；有些小狗則根本不想跳，用鼻頭輕輕碰觸衛生紙，使其倒塌後再悠哉的走過亂七八糟的衛生紙堆去吃零食。

然而有些小狗在高高的衛生紙牆面前不知所措，只會一個勁的哼哼叫。輕輕一推就會倒塌的衛生紙牆，對某些小狗來說卻是巨大的障礙。

看著在牆面前跺腳的小狗，我想起了以前的自己。因為沒有特別擅長的事，所以不論做什麼，我都必須面對超出我能力範圍的挑戰所砌成的高牆。雖然我知道只要成功完成阻擋在眼前的課題，就能達成目標並得到補償，但是我仍像某些小狗一樣不敢越過眼前的衛生紙牆，甚至連碰都不敢碰。

不知從何時起，我非常討厭這樣的自己。沒有擅長的事就算了，連嘗試都要自我審查並得到允許嗎？我的想法和態度之所以改變，並不是有什麼特別的契機或接觸到感人的故事，而是我對自己的憤怒凝聚在一起浮出了水面。即使眼前真的有看起來很難跨越的巨大牆壁，我也想確認自己能跳多高。

我當時的想法是**「試試看，不行就算了」**，但是**這個心態為我的生活帶來巨**

大的變化。改變我人生的不是專業的本領，而是這個觀點。

我在上班期間得到在海外辦展的機會；個人旅行獲得企業超過一千萬韓元的贊助；還採訪了三星電子副總裁和釜山市長等名人，甚至在服役期間申請了專利。看到這些事蹟，可能有人會誤以為我非同凡響，並稱讚我是了不起的人。但令我羞愧的是，事實並非如此。這不是我謙虛，而是我真的不是什麼厲害的角色。

只要是對藝術感興趣或主修藝術的人都會想舉辦個展，但是在舉辦展覽前，我們都會面臨幾道關卡。「該怎麼租畫廊？」、「誰會租給我呢？」、「我的作品能放滿畫廊嗎？」、「如果沒什麼人來要怎麼辦？」等。

完全沒有藝術相關背景的我，在準備個展時也遇到了這些阻礙，但是我選擇小看擋在我眼前的這幾道牆。

我能租到畫廊，甚至到海外舉辦藝術展的理由有兩個。第一，擁有詢問藝廊是否可租借的勇氣；第二，承認自己不是厲害的藝術家，所以不需要完美，但是仍可以完成的心態。

許多人因為聽到我能在國外辦展，所以認為我有雄厚的背景或經歷，但是聽過我故事的人，都知道我沒有這樣的背景，所以除了上述兩個心態之外，我想不出還有其他能讓我成功在海外辦展的理由。

我沒有拚盡全力，而是抱著輕鬆的心態試試看。我隨意的在網路上瀏覽、收集藝廊的聯絡方式，隨後寄送信件和打電話，向對方表明自己為何要辦展，詢問費用和可以租借的日期，同時整理好企劃文件後寄送作品集。

最後，我成功在我聯絡過的藝廊中，挑選了最好的地方舉辦個展。租借畫廊來展示自己的作品需要的不是藝術才能、經歷和藝術界的背景，只需要詢問的勇氣，以及不要求完美且從容嘗試的態度。

受企業贊助的旅行，以及採訪三星電子副總裁和釜山市長也是出於同樣的理由。一般人想採訪釜山市長會怎麼做呢？每個人都會有不同的方法。

「前往釜山市政府正式提出邀請。」

「請認識釜山市長的人幫忙安排。」

「配合市長的行程前往拜訪，如何？」

沒有人會想到在推特上發訊息向對方表示要採訪，因為大家都會認為這種方法是行不通的，但是我就是在推特上發送邀請訊息，也成功採訪了市長，他甚至在五分鐘後就回覆我了。

起初，我很驚訝，想著如果我也認為這個方法行不通，並因此沒有嘗試的話，我可能要經歷更多波折才能完成這件五分鐘就能搞定的事。

採訪三星副總裁也是基於同樣的脈絡。聽說他要來釜山演講，所以我抱著想親自見面並詢問的心態參與。我在演講結束後的Q&A環節，藉此邀請副總裁後得到了採訪許可。

以上，我透過在演講會場上發問，以及很容易錯過的網路社群訊息，實現了人人都認為很難做到的事。站在衛生紙牆前的狗，能夠繼續吃到零食的原因，不是牠有能夠越過高牆的卓越彈跳力，或是能夠穿透厚牆的堅實力量，而是牠願意嘗試輕觸一下眼前衛生紙牆。

我們也沒有什麼不同，這就是我主張「先大致嘗試」的理由。

賈伯斯也強調先試做看看

你曾經因為害怕所以不敢嘗試，但是偶然展開行動後卻發現事情比想像中容易嗎？或者，曾讓你覺得像是障礙的事務，一旦試過後卻覺得並不困難？

不久前，綜藝節目《玩什麼好呢？》的主持人劉在錫，教一位阿姨騎自行車，阿姨在開始前非常擔心的說：「這個只學一次學不起來吧？」但是實際學了半天後，即使後面沒有人扶著，她也能一個人踩動踏板。

最後，阿姨表示：「哎呀，這比我想像中簡單多了，心情真好！」對那位阿姨來說，騎自行車是一堵碩大的牆，但在下決心試試看的瞬間，她發現這道牆比想像中容易翻越。我們甚至可以推倒那面牆，作為獲得另一種經驗和成就的橋樑。

當然，並不是每件事都像這樣只要輕鬆試一次就能成功，我們也有可能會失敗，然而，若失敗的代價只是被拒絕，那麼請勇敢嘗試數十甚至數百次。我不是要大家無條件投入其中，不斷挑戰砸碎眼前的牆壁，而是請大家輕輕推一下試試看。這種態度和觀點的重要性並非只有我一個人強調。

有一名高中生為了消遣，在家裡製作頻率測量器，由於零件不足，他思考了一段時間後，決定打電話給製造零件的公司，正好是公司的代表接到了那個學生的電話。

「您好，我是高中生〇〇〇。因為我想製作頻率測量器，請問是否有多的零件可以給我？」

該名公司代表豪爽的笑著回答：「我們這邊還有零件，可以寄給你。」這是一個幸運的學生和善良企業家的溫馨故事，而這個故事的主角是我們都認識的人，打電話的學生就是創立蘋果公司的史蒂夫．賈伯斯，提供零件以及製造測量器機會的公司是惠普（Hewlett-Packard Company，簡稱HP）。

賈伯斯在回憶這段軼事時，留下了這樣的話：

「大部分的人不會拿起電話，不過，這有時是區分實現某些東西，以及單純停留在做夢階段的人最重要的標準。」

他的意思是需要什麼，就要求什麼。當然，賈伯斯並不是普通人，他的創意、熱情、卓越的設計感和洞察力等，在各方面都是天才的水準，我們即使努力也不容易跟上，但是他說的這席話仍值得我們好好思考。打電話詢問擁有自己想要東西的人，這是任何人都可以做到的事。

「敲門吧，這樣一來門就會打開。」

許多人都認為這種話很天真，甚至有人會質疑：「哪有這麼輕鬆就能敲開的門？這世道有這麼好嗎？這只是優秀人物的故事吧！」但是放鬆心情嘗試去敲門後，門成功打開的情況其實很多。

所以，請大家放輕鬆，抱著隨意的心態試試看吧！我現在也用這種心態到處嘗試，甚至想把這本書寄給我尊敬的軟銀集團企業代表孫正義，並希望能與他見上一面。光想就讓人興奮和期待，請大家也試著做些什麼吧！

03 制定能夠有效歇息的規律性

透過之前的例子，我們知道為何必須「大概」的做。然而，如同許多人容易誤會大致做做的意思，我想應該也有很多人無法理解我所謂的「堅持」，究竟是什麼意思。

這裡的堅持並不是不停的做，那麼堅持的意思到底是什麼？

以下舉個例子，假設A和B都制定了「養成早上五點起床習慣」的目標，並為此決定實行一百天。A在一百天中，有五十八天在五點起床；B則只有五十天於五點起床，你認為誰更有毅力呢？

大部分的人都會認為A是堅持實踐的人，因為從「不停歇」的概念來看，A比B更有毅力的實行了八次。

但是，假設A真正開始實踐後發現太累了，所以連續十天五點起床後休息了三天，此後一週表現良好，但是再次休息了五天，因為覺得這樣不行，所以下定決心連續兩週五點起床，後來因為頻繁加班，連續四天睡懶覺。

A以這種方式反覆實踐並休息，結果在一百天中有五十八天達標。

相反的，B一開始就說：「我沒自信每天都做到，所以決定早起一天，第二天一定要好好睡覺，實施每天輪流的方式。」B遵守與自己的約定，早起五十天，晚起五十天。那麼，究竟誰更堅持住早上五點起床的目標呢？

我想表達的是，堅持不懈指的並非「不停歇」，而是「始終如一」。始終如一是指什麼？就是可以預測，意即具有規律性。我們在A身上完全看不到規律性，只看到他無法控制起床時間，被計畫牽著鼻子走，並勉強維持的模樣。

相反的，B有自己的規律性，雖然一百天裡五點起床的次數比A少，但是更有紀律，所以能持續更久。我們也應該以始終如一的角度，去解讀堅持不懈的意思。

以這樣的角度來看，你會發現維持規律性的重點在於好好休息。不停歇顧名思義就是不休息，但是**始終如一則是指透過規律性的計畫讓自己可以休息、調整並享受閒暇。**

簡而言之，**這樣可以讓我們更放鬆，也因此能長久實踐。**如果你希望堅持實踐，就應該把「堅持」理解為「始終如一」，並且設定好休息時間，讓自己能好好歇息。

無論是多麼喜歡的事情，都會有不想做的時候。「堅持下去」並不像說的那麼容易，我們在聽到這句話時，偶爾也會覺得在短暫的人生中，有必要這麼堅持某些事嗎？

這時，請不要硬撐，而是該好好休息，唯有如此才能走得更遠。在運用不純熟的才略實踐某些計畫的過程中，也要制定能夠有效歇息的規律性。

一般來說，我們在做事時很少會思考季制的概念。季制並不只能用於電視節目或廣播，不專業的能力也可以按季經營。

例如經營 YouTube 頻道可以每週上傳一部影片，或是一年上傳五十部影片，但是每五季上傳十個影片也是一種經營方式。這不光是改變分類和內容，而是即使計畫一個主題上傳五十個內容，也要將這些內容分類後分季上傳，並藉此創造中間喘氣的空檔。

這非常重要！我們可以在充滿熱情時緊湊的製作內容，冷卻時則不要勉強自己，而是要悠閒的休息。請大家以這種方式開發不專精的才能，這樣才有辦法長期維持下去。

舉個簡單的例子，越是受歡迎的餐廳，午餐和晚餐之間的休息時間就越長，沒有客人會因為那段時間不開店而感到不滿，也因為有這段空檔，餐廳在晚上的營業時間，才能繼續維持優秀的味道和服務。

我們的身體也是一樣。想要鍛鍊肌肉，我們需要大量運動，但神奇的是肌肉並不是在我們運動時產生的，而是在運動後的休息時間長出來的。

肌肉由許多肌纖維所構成，如果做太過刺激的運動，肌肉纖維會損傷。我們在突然進行激烈運動時會感到疼痛，就是因為肌肉撕裂受傷了。肌肉受損時，會在我們休息時，透過免疫細胞自然修復，這時我們的身體為了防止類似的刺激再次傷害肌肉，肌肉會更加發達。

如同受損的肌肉在休息時間發育一樣，「休息」對於我們利用不精通的才能這一點至關重要。

現在，讓我們再次重新思考一下，如何開發自己的不專業才能吧！

04 明天比今天好，下週比本週好

射箭運動員調整好呼吸，慢慢舉起弓箭，賽場上頓時一片寂靜，選手輕輕拉弓，放到下巴下面，但是他卻突然露出驚訝的表情，並猶豫不決。過了一會兒，他放下手中的弓，呆呆的看著箭靶。

確認箭靶後，他發現靶上只有一圈小小的十分線，如果他不能將箭射入十分線以內，就無條件零分。這是多麼荒唐的事！

當然，這樣的比賽並沒有真正發生過，但是請讓我們想想看，如果其他選手都有普通的箭靶，只有一名選手的箭靶分為十分和零分，那將是對那位選手不利的比賽。

所有射箭選手每次射箭的目標都是十分，但是因為每次發射的瞬間專注力不同，所以有時會射向九分、八分、七分，或更低的分數。然而，這與只有十分和零分的箭靶相比，綜合分數必然會更高。

在現實生活中的我們又是怎樣的呢？許多人在設定目標時，經常只畫十分或零分，當然，也存在必須這樣設定的目標，例如考試是否合格以及就業與否，就隸屬這樣的目標，但是利用不專精的能力時，絕對不能這樣劃分。

我們應該畫出有各種分數的箭靶，而非只有十分和零分的箭靶。

為了理解這些概念，我們首先要確認目標的性質。心理學家海蒂．格蘭特．海佛森（Heidi Grant Halvorson）博士將目標大致分為成果型目標和促進型目標。

對於新進員工，主管們一定會問一個問題：「你的職涯目標為何？」大部分都會回答想成為主管或社長。像這樣，想透過特定的成果、職務或與他人的比較來證明自己能力的目標就是成果型目標。

相反的，今天的目標是成為比昨天更好的人，那就是促進型目標。促進型目標不是職務或競爭，而是專注改善並提升自己的能力。當我們將自己的目標設定為促進型目標時，我們就能與前述的成果型目標做區別，也就是說我們的目標不再只用十分或零分劃分，而是即使不到十分，也能得到九分或八分。

假設你為了利用這份才能而開啟 YouTube 頻道，每週製作兩個影片，在近一年的時間裡上傳了一百個影片，訂閱者達到幾十萬人，不斷收到業配邀請，這意味著你精確的射中十分。

相反的，投資了近一年的時間，訂閱者卻不到一千人，也沒什麼回響，那麼你會怎麼想？當然會認為自己失敗了。然而，你認為失敗的原因，是因為你上傳影片的目的是以點擊率的多寡、訂閱者人數，以及和你差不多時間開始的頻道成長了多少等成果為標準。

即使你上傳了一百個影片都沒得到什麼回響，也不能斷定就是因為內容沒有魅力，許多很好的產品賣不出去的狀況相當普遍。另外，即使現在沒有訂閱者，以後也可能突然增加，所以鍥而不捨是很重要的。

請不要忘記，不論點擊率如何，光是上傳一百部影片本身就是強而有力的武器。這不僅適用於YouTube，不論做什麼事，無論結果如何，只要努力就可以累積影響力，並成為武器。

將以興趣為出發點的畫作，做成徽章或貼紙等紀念品若賣得不錯，並因此變有名，我們就會覺得自己射中了十分；但是如果一個都賣不出去，多數人都會認為是零分，因為大家將賣紀念品的目的設定為「賣了多少」以及「獲得多少利益」等成果。

請改變這種目標設定吧！我們可以將目標變更為每個月增加一個產品，以及打造專屬自己的設計，這樣一來，一年就能製作出十二個紀念品，即使賣出的數量不多，仍留下了製作十二種紀念品的經驗。

帶著這種經驗，在應徵相關工作時，將成為自己能證明實力和努力的證據。如果能賣出所有紀念品並賺錢，那將是最好的結果，但是即使賣不出去，這樣的努力也不會是零分。

我想**再次強調，利用看似沒用處的能力之目的在於提升個人能力，並取得相關的具體成果，做得好不好並不重要。重點是訂定明確的主題和內容，並持之以恆。**

我希望明天比今天進步

如果你從一開始就把目標設定為成果型目標，將會很難堅持實踐，因為我們對這種目標的控制性相對較低。例如，表現良好的員工一定能成為主管嗎？我們無法確定，因為公司的經濟情況有可能惡化，或是突然從其他公司挖角人才。

假設你制定透過在網路上寫文章，在六個月內接到出版社通知，並為你擬訂一年內出書成為作家的目標。然而，你即使每天寫文章並上傳，訂閱者也不過兩、三個，出版社也沒有和你聯絡。

忍受著這些繼續寫作並不容易，也不會覺得有趣。就像這樣，如果訂定成果型目標後沒有出現自己想要的結果，大部分的人都會難以持續實踐。

相反的，促進型目標是可控性較高，較不易被不確定的外部因素影響的目標，所以我們能因此不受外部干擾和成果的影響堅持實踐。

例如，我們可以將目標設定為今天多寫一篇文章，或是這個月比上個月多增加一點連載次數，這樣一來，我們自然而然能更專注於，自己是否每天多寫一篇文章，或是連載次數是否比上個月多，這能幫助我們降低外部因素的干擾，聚焦在能力的提升上。

我在成為裝置藝術家的過程中設定的也是促進型目標。我的目標不是展覽吸引的觀眾比去年多，或是要受到更多媒體關注，而是專注在製作比去年更能傳達資訊的作品。

靠著促進型目標，我在過去五年內能持續實踐，確信今後也將繼續進行。我在實現促進型目標的過程中，還完成了可視為成果型目標的媒體採訪、電視演講，甚至海外展覽。促進型目標的優點還不只於此。

「為什麼突然要還回好不容易得到贊助的汽車呢？」我在二十三歲時，得到大企業的贊助後旅行，原本的計畫是開得到贊助的車從釜山出發，順時針環遊整個韓半島，遊覽全國五十多個城市，但是旅程到一半時，我突然決定要還車，並表示從首爾到江原道、慶北、慶南和釜山要徒步旅行。

贊助商對此感到驚慌，因為這不在我們的計畫之內。

這個決定是我在採訪首爾知名連鎖店的年輕代表後做出的。

「相助，還車並徒步旅行如何？比起開車，走路更有機會和人互動，感覺更青春。」

年輕代表的這句話讓我的腦袋像挨了一拳，他說的旅遊樣貌似乎更符合我對二十多歲旅行的渴望，所以第二天我就請求贊助商的諒解，並歸還了汽車。

我就這樣從首爾開始揹著背包走路，這真的很辛苦，在最初的幾天裡，我累到有些後悔，但是隨著時間推移，我確信自己的選擇是正確的。我的眼前出現了許多開車時無法見到的人和景象。

我走累了就搭便車，並且把肩上不需要的物品全部扔掉。我在盛夏每天走八小時以上，臉都晒黑了，身上也充滿汗味。雖然身體疲憊不堪，但是我感受到更加豐富多彩的人事物。

我也沒想到自己會歸還了好不容易得到的贊助汽車，並揹著背包旅行。我之所以能做出這樣的決定，是因為我沒有制定一定要拜訪全國五十多個城市的成果型目標。

如果我制定了這樣的目標，絕對不會還車。由於我沒這麼做，所以我不在乎拜訪的城市數量，而是告訴自己，不管用什麼方法都無所謂，只要今天的收穫比昨天多，明天的收穫比今天多就好。

這樣的想法就是促進型目標，經過這次旅行，我更加相信促進型目標的力量。結論是，如果把目標放在改善並提升自己，而非成果上，我們較不容易受外部環境的影響，並且可以持續實踐，甚至能在達成促進型目標時也一起實現成果型目標。

對運動員來說，最大的光榮就是在奧運會上奪得金牌，這是成果型目標的頂峰。曾在奧運會中獲得兩次金牌的英國體育英雄政治家兼國際田徑聯盟會長塞巴斯蒂安·柯伊（Sebastian Coe），他雖然已經取得了巨大的成就，但是他並不滿足這些，而是希望不斷提升自己。

「身為一名運動員，我希望明天比今天進步，下週比本週更好。我的目標是提升自己，奧運會金牌只是實現目標的附帶品。」

這也是我們應具備的心態。至今為止我講述的都是堅持實踐不專精才能相關的態度。下一節我將說明維持這些才能的安全裝置，也就是職場生活和不專精才能間的平衡。

之前我曾說過開發這才能的同時必須確保生活費，要想做到這一點，就必須好好協調這兩者，我也會講述協調的要領，讓大家能做好規畫，即使這兩者的性質大不相同，也不會因此感到不安。

05 所有夢想都要先買安全裝置

不久前，我搭朋友的車。上車時我繫好了安全帶，但是車子開動後安全帶卻突然鬆開了！起初我不以為意，以為是自己沒繫好，所以重新繫好安全帶，卻很快又鬆開了。我和朋友說起這件事，他不以為然的表示：

「因為車子太舊了，到處都有問題，所以安全帶偶爾也會鬆掉。」

朋友停下車，摸了摸安全帶，好不容易才重新繫好。雖然這似乎不是什麼大事，就像朋友說的，偶爾就是會這樣。然而，鬆開的安全帶完全無法發揮其應有的作用。

我們繫上安全帶的原因是為了預防意外，但是朋友車內的安全帶卻沒辦法恆久維持安全性。如果完全壞掉，也許朋友會更有警覺，或想快點修好，但是像這樣偶爾才故障，我們反而會因此放任不管，儘管我們都知道，安全帶的價值是在任何情況下都要保護乘客。

而為了發掘不精通的能力，我們也必須有所謂的安全裝置。在做自己喜歡的事之前，要先確保並維持「生活費」這個安全裝置。

然而，如果這個安全裝置像偶爾鬆開的安全帶一樣，總是無法發揮作用會怎麼樣？我想不論是誰都會感到不安。如果你不希望因此感到焦慮，請務必在出發前確認安全裝置是否有異常，如果發現問題，即使必須稍微晚一點出發，也一定要整頓好後再上路。

從這個觀點來看，在正式開此才能之前，我們有必須要做的準備工作。為了不讓開發的過程影響正職，我們應該提前做好規畫。那麼，我們該怎麼安排呢？

06 工作與生活，無須二擇一

「多數人每天工作四小時，一週只工作三天的時代即將到來。」

這是阿里巴巴集團創始人馬雲說過的話，我一想到這句話就覺得很興奮，但還是忍不住質疑：「這樣一來薪資還會和原來一樣嗎？」馬雲預測，隨著人工智慧和機器人的出現，世界將發生重大變化——人類的勞動時間將顯著減少。

雖然目前還不知道他說的話能否實現，但是人類的工作時間確實越來越少，尤其韓國的勞動環境在短期內發生了很多變化。

據雇傭勞動部針對勞動力所做的調查，二〇一九年勞工平均工作時間為一百六十三．一小時，與二〇一一年相比少了十三．五小時。一個月只減少十三．五小時，雖然是很小的數值，但是全體勞工每人乘以十三．五小時的話，情況就不一樣了。

也就是說，整個產業的勞動時間明顯降低了。另外，千禧一代和老一代看待勞動的觀點也有很大的差異，特別是在工作和生活平衡的看法上。對年輕上班族來說，高薪和公司福利雖然重要，但是更重要的是確實分離工作和生活，在下班後盡情享受自己想做的事。我們不希望平日晚上加班，連休假日都要投入到工作上。就像在公司規定的時間內登錄聊天軟體，並在規定時間登出一樣，工作和日常生活也要明確區分連線和離線狀態。

隨著這種價值觀的變化，韓國出現了「WorLiBa」這個新造詞。這個詞是工作和生活平衡（Work and Life Balance）的縮略詞。

「我努力把工作與個人生活完美分開。工作就只是工作。」

某天，一位在銀行上班的朋友，在聚會時認真的聊起職場生活。對那位朋友來說，真正的生活，只有下班後可以做自己想做之事的那段時間。聽了朋友的說法，我感到遺憾。

雖然將工作和日常生活分開是件好事，但是他似乎將工作時間視為「死亡時間」。當然，大家在工作時都會期待下班、週末以及休假，不是每個人都能享受工作，許多人都只是為了生計而堅持著。

然而，工作時間也是我們生活的一部分，如果將其視為死亡時間，那實在太可惜了，就算不能真正喜歡工作時間，是不是至少不要覺得是在浪費呢？

想像一下，如果你想在工作之餘寫小說，小說主題設定為生活在山裡的年輕男人故事，那麼你上班時感受到的情緒，以及在工作中學到的知識對寫小說就不會有太大的幫助，也因此上班只會妨礙寫小說。

但是，若小說的主題不是山裡的年輕男人，而是職場上的年輕男人會如何呢？在公司時經歷的壓力、人際關係、業務和成果等都可以作為小說中的素材，並提供靈感和資訊。

職場生活可以協助你建構小說的現實感和細節，那麼，一直很討厭的無用上班時間將成為必要的一部分。

將不喜歡的東西變成有點喜歡的關鍵在於，把討厭的東西變有用。實際上，現在確實出現了以這種方式寫文章的上班族。

作家宋熙九在其部落格上連載投資房地產的上班族故事，獲得了「房地產超現實主義小說」的好評，並且在社交媒體上被廣泛分享。連載僅一個月，就有一百七十多萬人閱讀。

宋作家在接受《朝鮮日報》採訪時表示：「小說中的金部長是由三名實際存在的主管組合而成的。」

在風險投資業界工作了十多年的作家尹必九，寫的小說《風險許生傳》也是如此。小說中與風險產業相關的細節極為貼近現實，因此大受歡迎。對宋作家和尹作家來說，職場並非是不讓自己做想做事情的地方，而是讓小說內容更加豐富札實的地方。

就像我之前所說的，我在艱苦的職場生活中，獲得了創作裝置藝術所需的創意，也讓我的作品自然傳遞能讓上班族們產生共鳴的訊息。如果我將主題訂在其他方向，而非職場，那麼職場就只是削弱我熱情的地方。

然而，我並不是要大家無條件把自己的興趣和職場連結，也不是強迫大家一定要喜歡上討厭的事。

我只是想告訴大家，**若你認為工作時間毫無意義，可以嘗試將工作與喜歡的事連結，從自己討厭的工作中找出可以學習和利用的東西。**

無論我們喜不喜歡籌集生活費的職場生活和經濟活動，這都是我們生活的一部分，那麼我們可以選擇不要一味的最小化工作過程，而是從我們獲得的經驗、情緒、條件、環境等中，尋找能與不精通的能力相連結的紐帶。或者，可以考慮透過其來幫助工作。

現在是超越工作和生活平衡，追求工作和生活一致的時候了，這樣我們才不會總是覺得很累很辛苦。這種觀點被稱為 WorLiBle，是工作生活交融（Work-life blending）的縮寫。

從單純在下班後從事的生產性意義活動出發，將每天辛苦打理的職場生活價值和努力，與自己真正想做的事連結。如果只把工作和生活當作二擇一的問題，我們肯定會很滿意某一方，但是非常不滿另一方。

然而，若能將此視為一體，那麼我們的日常生活就會更加豐富。WorLiBle 不只是一種趨勢，更是我們應持續保持的生活方式，當我們具備這樣的觀念時，才能更果斷實行不專精的才能。

07 空間會影響人的思考，例如天花板高度

中午時，我走進麥當勞，裡頭瘋狂響起的調理機器聲音、員工喊訂單號碼的宏亮聲音此起彼落。櫃臺前，站滿等待食物和在自助點餐機前排隊等候的人。店內也坐滿了人，大家一邊吃東西，一邊聊天，為了壓過周圍的噪音，每個人都以更大聲的聲音說話。我原本悠閒的進來吃午餐，結果卻讓自己變得心浮氣躁。

我們來想像與此不同的場景吧！你好久沒抽空去觀光了，但是天氣很熱，而且你看錯地圖，所以要在烈日下走很久。你的背積滿了汗水，滲溼了衣服，煩躁感也漸漸上升。後來你決定進入路過的教堂，內部高高的天花板、安靜的氣氛和神祕的裝飾品似乎都在歡迎你，你放下行李，坐在椅子上靜靜環顧教堂，很快就平靜下來。

像這樣，空間會改變人的心情。以《我愛身分地位》（*Status Anxiety*）、

《我談的那場戀愛》（*Essays In Love*）等作品聞名的艾倫・狄波頓（Alain de Botton）在《幸福建築》（*The Architecture of Happiness*）中表示：「不論好壞，人會隨著場所的不同而改變。」他說的沒錯，**空間可以讓人原本平靜的心變急躁，也可以讓煩躁的心情變得平靜。**

空間不僅僅影響人的情緒。以下講述一個經典的例子。美國病毒學家約納斯・沙克（Jonas Edward Salk）博士因研發小兒麻痺疫苗獲得認可，得以建立以自己名字為名的研究所。他委託賓夕法尼亞大學建築系的教授路易斯・康（Louis Isadore Kahn）建造此研究所，並要求將天花板建高一些。

事實上，他不是在研究所，而是在幾百年前建造的修道院內想到了小兒麻痺疫苗的點子。沙克博士認為比起沉悶的研究所，**天花板高的地方才能引出人們的創意**，他向路易斯教授講述自己的經驗，並將研究所天花板高度設計為三公尺以上。然而，天花板高度和創意之間真的有關連嗎？

明尼蘇達大學管理學系教授瓊・梅耶斯（Joan Meyers-Levy）為了了解天花板高度是否影響創意和思考而設計了實驗。首先，實驗主持人對進入不同天花板高度空間的實驗參與者提出兩個問題。第一個問題是自然連結不同概念的創意問題，第二則是單純需要專注力的運算問題。天花板高度越高空間的參與者解決創意性問題的能力是他者的兩倍以上，越低空間的參與者則越能解決要求專注力的運算問題。這個實驗結果於二〇〇八年八月刊登在國際學術期刊《消費者行動期刊》上，獲得了公認。

另外，二〇〇四年在美國加州聖地牙哥的神經建築學會（Academy of Neuroscience for architecture）成立後，神經建築學（Neuro-architecture）同時登場。這是一門分析空間對人類思考和行為的影響，並研究更好的空間和建築物的學問。以上例子在在顯示空間和人類的關係一直是人們研究的對象。這裡暫且不談理解相關學問帶來的困難，但是可以肯定的是，空間會影響人的思考和行為。

人們在談論堅韌不拔的行為或實踐能力時，總會認為這是一個人的意志力問題，也認為專注力的前提是強烈的意志力。**意志力當然很重要，但是如果我們積極利用空間的變化，我們的行為也會隨之改變。**若我們能創造相應的空間，實行一件事就會變得更加容易，但是我們卻常常忽略空間對我們的影響。

我在工作了一段時間，下定決心要搞裝置藝術時，最先做的事情就是整理書桌，並改變床的方向。如何讓自己能坐在書桌前更久是我的優先考量，否則不論我買多少書，我應該都不會認真看。因此我把椅子換成像床一樣舒服的材質，所以儘管要休息，我也是坐在書桌前，而不是坐在床上。買了可以讓我躺下的昂貴椅子後，我鋪上了柔軟的毯子和坐墊，還買了腰靠和枕頭。

我光是換椅子就花了不少錢，但是確實有效果。下班回家後，原本最先貼屁股的地方從床變成了書桌前。這樣一來，比起躺著看電視的時間，我坐在書桌前寫東西的時間增加了。坐在椅子上休息時，書桌上的便利貼會自然映入我的眼簾，讓我主動抓起書來看。「每天都要坐在桌子前看書並構思作品」靠的不是意志力，而是空間創造的。

如果沒辦法盡情改變自己的空間，那就先整理並將桌子打掃乾淨吧！改善書桌的照明，或放上能幫助專注的薰香蠟燭等，把自己必須長時間停留的地方變成自己感到最舒服的空間。

從這個角度來看，想透過改變自己的生活來改變自己的行為，不一定要從大變化開始，而是從整理棉被、收拾裝滿垃圾的垃圾桶、掃除散落的頭髮開始就可以了。**這些小變化都能成為我們持續實踐的動力**。

要把自己的空間打造成讓原本平靜的心變躁動的快餐餐廳，還是讓不舒服的心情也可以平靜下來的教堂，都取決於自己。在利用不精通的才能正式奮戰前，最重要的是將你的空間換成最舒服的地方。

對於需要維持工作和生活費，同時開發才能的我們來說，環境非常重要。不論你的才能實踐起來有多簡單，為了與生計活動並行，你還是需要用和以前不同的態度來努力。此外，單純只憑意志力難以持續堅持下去，所以請改變環境吧！這樣會有更大的幫助。

08 別急著下結論，再小的能力皆有價值

我不喜歡「見一知十」這句話，因為我認為沒有人可以做到，而且如果看錯一個，剩下九個也會錯。即使和某個人一起生活數十年，我們也不可能完全了解對方，甚至我們連自己都不太了解，所以怎麼有辦法說，只看他人的一個面貌就知道與對方有關的十件事呢？這只是按照自己任意制定的標準分類，而不是正確看待對方並做出判斷。

我們不能以自己的標準隨意分類某個人，並宣稱自己了解對方，因為我們所看到和所知道的並不是全貌，我們必須要明白這點，並時刻銘記在心。

「這種畫就算是小學生也畫得出來，那只是因為是名人畫的，所以才有那個價值。」

我和某個人在偶然談論藝術時發生了爭論。他看了畢卡索（Pablo Picasso）的作品，並認為毫無價值，只是有錢人或名人的金錢遊戲，我聽了火冒三丈。但是仔細想想，我覺得多數人都會從這個角度看待現代藝術。

一般來說，現代藝術指的是二十世紀以後的繪畫、雕塑和攝影等藝術。一提到現代藝術，許多人都會想起代表人物畢卡索，連完全不懂藝術的人也聽過這個名字。大部分人第一次看到畢卡索的作品都會想：「這是什麼，這也算藝術嗎？」他的作品與其說美麗，更適合用難懂來形容。

那麼，為什麼這樣的作品在現代藝術中如此重要？為何畢卡索被稱為現代藝術大師？

從中世紀文藝復興時期的藝術到現代藝術前的五百年期間，藝術的模式都是相同的。藝術的重要標準是畫得多像及多精巧，因為除了畫之外，沒有其他能再現某種東西的技術。

過去，畫作被認為是宗教或上層階級的王公貴族們的專屬物。當《聖經》中的神話、王公貴族的面貌和形象生動的展現在大眾面前時，大家會更虔誠的信仰。因此，畫得有多真實非常重要。當時藝術最大的價值是「完美再現」。

然而，某天突然出現了名為「攝影」的神奇技術，無論多麼出色的畫家畫得再細緻，也比不上照片，更重要的是攝影的效率更高。模特兒沒有必要在畫家面前站上幾個小時，也不再需要畫家的勞動，只要一瞬間擺好的姿勢，以及按下快門的手指力量就可以了。這是持續五百年的繪畫絕對地位下降的瞬間。攝影技術出現後，畢卡索登場了。

畢卡索認為，人類在觀看某對象時，不會只從一個角度去看，我們會從正面、側面、後面、上面和下面觀看。另外，長時間相處後，對方可能會看起來更可愛或更奇怪。之前的藝術只關注對象的某一面，並專注將那一面完整呈現出來，但是畢卡索認為本質比單一角度的面貌更重要，所以為了體現本質，我們必須描繪出各種角度的樣子。

如果將過去的藝術比喻成只照出自己某面向的鏡子，那麼，畢卡索的藝術可以說是照出多種面貌的立方體，所以比起再現物體的某個面貌，畢卡索更專注表現本質。透過這些想法和作品，他被評價超越現有繪畫模式的侷限。

畢卡索得到認可的關鍵，在於他擺脫了思想的框架，所以他才被稱讚是偉大的畫家，也被認為是現代藝術的開端。「如何打破現有的模式？」尋找這個問題答案的過程就是現代藝術。

在展覽中展示平凡的馬桶，並以「噴泉」為主題的馬塞爾・杜象（Marcel Duchamp）也是如此。他擺脫作品由本人親自製作的觀念，將現成品作為表現的手段。藝術的模式因此再度被打破。

畢卡索的畫與眾不同，杜象的作品也不是單純的惡作劇。安迪・沃荷（Andy Warhol）的作品是否有更深刻的意義也值得我們好好思考。過去數年間的想法現在都在翻書的幾分鐘內發生變化，我們周遭許多被認為沒價值且不像話的東西也受到重視。**事實上，如果我們更進一步分析，就會發現每個被忽視的東西都有其價值，只是我們不知道而已。**

為了觀察並實踐自己那看似不中用的能力，需要的是開放的觀點和態度。如果你有輕易認為「那個不行，這個錯了」的習慣，請務必改掉。當我們了解看似毫無意義的藝術作品為什麼價格那麼高時，我們就能領悟，了解越多就能看到並打開越多東西，同時明白更多東西的價值。

這種開放的態度也能在我們觀察某個對象或現象時，不會妄下結論，而是成為可以再次思考和學習的契機。**不精通的才能唯有在這種開放的思維和觀點下，**

才能更加發光發亮。

如果你覺得有什麼事情是不可思議的，請再思考一下，你是否真的了解該事，以及這件事的價值，最重要的是一個人無法知道所有的資訊。那麼，比起單純追求潮流，專注於自己有興趣且感到舒適的東西，更有利於你發揮不專精的才能。

如果你已充分具備這種開放的態度和觀點，那麼現在剩下的就是決定將你的那份才能，融入到各平臺並傳達給大眾。現在，讓我們期待正式實踐的瞬間吧！

第 4 章

你就是最好的品牌

01 你想販售什麼，在哪裡賣？

假設有人準備開餐廳，現在尚未決定要做什麼食物、賣給誰，卻在聽到巷子內出現了位置不錯的店鋪後，就覺得在那裡做生意會很好，所以想馬上簽約，那麼大部分的人都會勸阻，並請他多思考能賣什麼食物，以及自身的經營能力和資金是否充足，再慎重考慮店面的面積、商圈、押金和月租後再決定。

因為如果沒有想過這些，盲目認為在這裡做生意會很好，並且簽約的話，可能會出現嚴重的問題。然而，即使思慮了所有的條件和情況並慎重行事，能否成功仍是未知數，那麼還有必要這麼做嗎？

不同食物需要的店面空間和位置都不同，經營麵店和義大利麵餐廳是不同的。如果是義大利麵店，即使廚房有點窄，只要大廳相對寬一點就沒關係。因為客人們通常希望在舒適的氛圍中享受西餐，所以應避免桌距太近，使不同桌的客人視線和行動相互干擾。選擇適合戀人約會或家庭外出用餐的商圈也比較有利。

相反的，麵店的關鍵是翻桌率，比起舒適的室內設計，客人們更需要的是能簡單快速的吃完麵並離開。因此即使用餐區狹窄並設計成吧檯狀也沒關係，只要拓寬廚房，讓動線更加流暢即可，因為盡快做好食物遞給客人才是最重要的。

因此，桌距和裝潢的影響相對較小。選擇需要吃粗飽的人、較多學生的商圈或地鐵站附近會更有利。

像這樣，僅從店鋪結構和商圈來看，就會發現需要考慮的事項非常多，也因此店鋪選址是非常複雜的問題，不考慮這些，就盲目認為在某個地方做生意會很好，並馬上簽約是很魯莽的行為。

然而，許多斜槓族在考慮要經營什麼副業時卻常犯這種錯誤。「我聽說這個可以賺錢」、「有人說用這個賺了很多錢，所以我也要做這個」，這些人在沒有考慮自己能力或喜好等的情況下，就輕率決定要開智慧商店、寫部落格、開YouTube頻道或製作電子書。

我們生產的內容如同提供給客人的食物，平臺則是向大眾展示自己食物的店鋪位置。一個人不可能什麼都做得很好，我們肯定有比較擅長或更喜歡做的事，如同開餐廳前要考慮是要開麵店或義大利麵餐廳、可以投資的時間和費用等，我們也必須考量自己的專長和取向，決定要銷售的東西和平臺。

如果不經過這些思考就做，一定會出問題。有些人就是這樣魯莽的開啟副業後，不到一個月就放棄。

再者，沒有考慮自己的興趣和專長，就如同只重視位置和商圈，卻不考慮食物是否是自己想要的，或是否適合該位置和商圈，會很難長久堅持。做熟悉和自在的事才是可以堅持不懈的關鍵，否則只會受到打擊。

幸運的是，我們已經透過前幾節內容，確認了自己擅長製作什麼樣的食物（才能、內容），甚至找到了添加獨特風格的方法，所以我們可以從容且持續的實踐。明確知道要賣什麼後，我們現在該選擇要在哪裡出售。

舉例來說，米可以依據不同的調理方式做成飯、糕點、粥，還可以釀酒。不專精又不起眼的才能，也會根據用什麼樣的平臺而有不同的結果，所以我們必須先審視自己是喜歡尋找米並煮成飯、製作年糕的過程，還是更喜歡製作甜酒釀，再進行選擇。

我二十五歲時，毫不畏懼的提交了大學休學申請表，和兩個朋友經營了小餐廳一年。我當時將大學獲得的獎學金，以及退伍後每個月打工累積的兩千萬韓元作為基金，用以繳付店鋪押金、權利金、裝修、傢具等費用。

這些錢難以完成所有的開業準備，所以大部分的東西都是我們用勞力親自完成的，除了招牌，從拆遷到裝修全部自己來。店鋪合約也是輾轉看了一百多處，才以低廉的價格獲得好地方。當時光是收到的房仲名片就超過三盒。

結果，餐廳經營一年後就歇業了，但是在準備和經營的過程中，我領悟到**無論什麼事都不要急於投入，而是要盡可能確保更多選擇**。另外，**即使自己的選擇看起來多樣且複雜，也一定有可以分類的標準**。

在發現並整理這些選擇的過程中，我們也可以深入理解更多資訊。也就是說，在不焦慮的情況下，盡可能收集更多資訊，並以明確的標準分類資訊後，我們就能擁有做出更好決定的條件。

那麼，從現在開始，讓我們正式來了解「副業」，並針對可以準備的選擇進行分類吧！大家不用親自整理，我們一起來看看我幫大家分類好的東西。

平臺類型大致分為才能共享和銷售、內容流通、集資、商品製作、商品流通、線下活動等多種平臺。接下來，將介紹每個種類的特徵和代表性平臺。

02 任何不起眼的能力，都有銷售平臺

才能共享和銷售平臺是將才能組成明確的商品並進行交易的平臺。代表性的形式有線上授課、銷售電子書、提供技術（勞動）等。與只有具備一定程度的訂閱者或影響力，才能進行收益活動的內容流通平臺不同，使用者可以透過將特定才能商品化按件收費。

最具代表性的平臺有Kmong、Class101、Soomgo、Sebasiland、Taling、Idus（以上皆適用韓國）等。我只列出了大家較熟悉或信賴度高的平臺，其實還有很多平臺。

1. Kmong

Kmong是連接設計、翻譯、影像編輯、程式開發等專業領域的自由工作者與

大眾的平臺。現在的範圍則擴展到面試要領和工作經驗分享、運勢分析、煩惱諮詢、PPT設計等多個領域。

許多人利用此平臺銷售與個人經驗有關的內容，即使是平凡的領域，若有獨特的經驗和知識，就能整理成文章在此平臺銷售[9]。

2. Class 101

此平臺的口號為「連上課時，要用的物品都替你準備好的線上課程」。平臺推出初期，將重點放在藝術、工藝、料理等需要準備許多用品的領域。但是現在也在房地產或股票等理財、職業教育、數據開發、自我開發等多個領域，提供線上或線下授課，因此大家可以透過申請為創作者來經營課程。

3. Sebasiland

提到韓國獨一無二的演講平臺，當然是「改變世界的十五分鐘，Sebasiland」。

9 臺灣可參考 SWAP、Freehunter 等自由工作者的服務外包平臺。

只要是擁有獨特的經驗和故事的人，都會希望擁有可以分享的舞臺。現在透過Sebasiland，任何人都可以把自己的故事變成十五分鐘的演講，只要將此拍成影片，在Sebasiland登記並制定價格即可。

課程影片登記完成後，可以與其他經營課程的參與者共組社群，只要聚集三名以上的老師，就可以建立學校，並將課程品牌化。Sebasiland的品牌力量相當強大，如果故事夠獨特，就能被納為品牌活動的一環，並藉此創造更多收益。

4. Idus

正如該平臺的口號「手工製作，可以購買手工藝作品的市集」，平臺從交易個人手工製品或作品的服務[10]開始。現在除了手工藝品之外，各種食品和服裝的交易也非常活躍。

另外，還可以透過平臺招募學員以開設線下課程。如果你的手藝很好，就到Idus看看吧！

5. Taling

平臺主打可以和老師一對一上課。如果想在此平臺脫穎而出，就要具備即時回覆及持續交流的環境。比起單方面的才能銷售，此平臺更偏向溝通和教學。如果你對成為老師以及教學感興趣，那麼這個平臺會更適合你。

6. Soomgo

如同「媒合五百萬人的生活服務高手」的標語，此平臺將重點放在室內裝飾、打掃、防疫、搬家、寵物等生活服務上。顧客在購買服務時，不是從平臺頁面自行選擇，而是填寫想要的服務就可以在平臺上找到相應的隱藏高手（服務販售者），並獲得報價單。

因為這樣的特性，在需要比價的室內裝飾和各種家庭服務領域充滿優勢。然而，即使不選擇任何配對的專家，僅只是報價，顧客也要支付手續費。相反的，從賣家的立場來看，只要發送報價單就能獲得收益。

如果你有與家庭生活服務相關的能力，可以考慮這個平臺。

10 臺灣可參考「方間治所」。因課程、老師而異，有些用具材料需要學員自備。

7. Frip
是主打休閒活動、體育、文化藝術等藝術體育領域的特色平臺。如果你有這兩個領域的才略，並希望能舉辦講座或經營線下聚會，我很推薦 Frip。

8. 棉花糖
該平臺的理念為「有一、兩個興趣很好啊！」專注於提供興趣相關的各種藝術、音樂、料理和手工藝課程，所以用戶可以在此出售手工製作的作品和食物。

9. Educast
以線上授課為主的平臺，有大學及國中、高中課程，還有針對高考的韓國史、化學、法學等大學專業課程。用戶也可以在這裡開設和銷售寫作、語言、藝術、資產管理、樂器演奏等線上講座。

10. nLearn
雖然提供教養、職涯、業務技能、市場行銷等多領域的線上課程，但是在

IT開發、程式設計、數據領域更加專業。如果有IT相關的知識及才能，我推薦一定要嘗試一下。

還有許多除了上述平臺之外的才能共享平臺[11]，選擇平臺的重點在於選擇大家最常使用和信任的平臺。然而，正如我所介紹的，每個平臺都有各自的重點領域，也有才能銷售者必須具備的條件和應遵循的模式，所以選擇能與自己相匹配的平臺非常重要。

11 目前臺灣市面上，還不像韓國有許多代表性分類化的線上共享平臺，大部分的共享課程可以在「Hahow好學校」找到。

03 這裡有很多免費使用的平臺

內容流通平臺是最大眾化的平臺種類，比起片面銷售個人內容的平臺，更著重增加大眾對內容的關注流量，打造一定水準的影響力，並持續舉辦各種活動。因此，這些平臺存在訂閱者的概念，具代表性的有YouTube、Naver部落格、Facebook、Instagram、TikTok、Brunch、Podbbang等。除此之外，網站製作平臺I'm Web、新聞通訊平臺Stibee也屬於這一範疇。平臺性質多樣且大眾化，所以適合以廣泛的主題持續經營並曝光。我們來看一下屬於此類型的各平臺。

1. YouTube

二〇〇六年，谷歌以十六億五千萬美元，也就是將近兩兆韓元的價格收購影片共享平臺YouTube，當時有些人覺得收購金額太高了。但是現在來看，那簡直是神來之筆。目前YouTube已經成為全世界的必備平臺。YouTube最大的優點是配有谷歌AdSense的功能，只要具備一定的訂閱者和觀看時間，就能透過觀眾的觀看創造收益。

另外，由於平臺影響力很強，所以如果頻道概念明確，創作者就能收到各種廣告及合作邀約。此外，該平臺還為內容創作者們提供線上工作室，提升頻道及影像分析、上傳內容和經營的便利性。

2. Naver部落格

部落格（weblog）是web和log的縮略語，也是個人網站的統稱，隨著人們專注於特定主題或類別，漸漸進化為以上傳的文章和照片分類。除了Naver之外，也有其他企業提供部落格平臺[12]，但是在韓國，由Naver經營的部落格影響力最大。

另外，Naver也貼心的為創作者提供多種編輯工具，所以方便使用。如果說

12 目前臺灣的主流部落格平臺為痞客邦。

YouTube 是以影片為基礎，那麼 Naver 部落格的重心則是照片和文章。

3. Podbbang

是韓國國內最大的聲音內容平臺[13]，可以理解為是個人製作並播放的廣播。與其他平臺的不同之處是，更偏向排名前面的內容勝者全拿的結構。如同廣播一樣，平臺會及時提供各內容的收聽率排名。最近提供錄音工作室的租賃服務增加，如果你很想嘗試廣播，或者認為自己的模稜兩可才能比較適合聲音型態，那麼選擇這個平臺會更好。

4. Brunch

如同「文章成為作品的空間」這個標語，是以文本為基礎的內容平臺。該平臺也與出版社合作，定期實施作家支援計畫[14]。要想在 Brunch 上面發布內容，必須經過註冊審核，不過並非是有出過書的作者或有特別故事的人才能註冊成功，所以請不用擔心。

事實上，有許多人透過 Brunch 以作家身分出道，銷量超過一百萬冊的《八年級生來了》也是透過 Brunch 挖掘出來的書。如果你希望用文字表達自己的能力，我強烈推薦 Brunch。

5. Facebook

最被廣泛使用的臉書是一個連結性很強的平臺，我們分享或按讚的資訊會曝光在與我們有連結的人的頁面中，如果有人按我們分享的資訊讚，這個資訊也會傳到那個人的朋友圈中，所以僅憑兩、三個人的按讚數，就能有讓數百人，甚至數千人知道的效果。

由於這種連結性，所以很多企業都使用臉書作為廣告媒體。相反的，由於這種特點，所以不適合想在特定範圍內建立關係或分享內容的人。

以下提供基本資訊，個人帳號最多可以加五千個好友，但是創立粉絲頁後則可無限增加粉絲數。

13 臺灣最大的本土聲音平臺為「SoundOn」。
14 類似臺灣的「方格子」。

6. Instagram

是共享照片和影片的社交媒體平臺，其口號為「捕捉並共享世界的瞬間」，是以圖片為基礎的平臺。如果你想創作以照片或短影片為主的內容，Instagram 最適合。以圖片為主的內容曝光方式，被許多人積極作為智慧商店等商品銷售的宣傳手段。Instagram 的直播也是很多人喜歡的功能。

7. TikTok 抖音

是用最多一分鐘的短影片表達自己的短影片平臺。最大的特點是創作者可以利用抖音提供的音源、貼紙、編輯功能和模板等，多種資源拍攝出奇特有趣的影片。我推薦有興趣的人以此為基礎創作獨特的內容。

8. Stibee

訂閱經濟成為話題後，該平臺就以寄送「新聞報導」的功能再次受到關注。Stibee 之前是以向不特定的對象，公開自己創作的內容來吸引訂閱者，現在的新聞報導功能，則是以具體設定的人為對象進行，所以會員們對內容有很高的忠誠度。

Stibee也提供模板，讓創作者可以輕鬆製作設計精美的電子報[15]。另外，創作者還可以透過數據詳細確認訂閱者的反應。此平臺可以免費使用，付費後則可以提高郵件容量和寄送次數等。

9. I'm Web

是網站製作平臺[16]。使用者即使不懂程式碼或Photoshop也可以製作出厲害的網站。平臺還提供多種模板，並可以製做購物中心或行動應用程式。使用介面也很友善，所以容易上手。可以免費使用，付費後平臺會提供更多功能。

15 臺灣類似的網站有「Canva」。
16 臺灣可參考：Strikingly、Wix等。

04 沒錢怎麼做？靠大家集資

集資平臺結合意指大眾的 crowd 和資金籌措的 funding，是向大眾介紹好的創意或能夠生產有意義內容的項目等，並接受大眾投資的平臺[17]。

不僅是創業，在電影、戲劇、書籍和地方再生等各種領域中也經常使用。過去多用以支持實現獨特的計畫或創意內容，最近則轉變為提前購買商品或服務。

1. Tumblebug

口號為「為創作者募集資金」，平臺上有文化藝術、遊戲、出版、工藝和時尚等各種領域的項目。集資成功的案例有拯救書店、支持插畫作家、經營知識訂閱服務、支持出版、製作服裝等。

2. Wadiz

開啟集資項目後，發起者必須在基金和投資中擇一。基金是提供參與該項目的支持者相關的產品和服務，投資則提供參與者股票或債券。

Wadiz 專注於產品開發及新產品上市等以實際商品為主的項目。雖然集資的首要目的是確保資金，但是由於可以向平臺用戶詳細展示並說明自己的產品，因此也被用於宣傳。

我之前也以「尋找年輕人導師的全國旅行」為主題進行集資，雖然當時沒能募集到預定金額，但是上傳了整理好的內容後，我得到了許多參與者的支持。

17 臺灣可參考下列各不同主題的募資平臺：SAT. Knowledge、Yotta、嘖嘖等。

05 滑鼠按幾下，就能把創意商品化

現在要自行製作個人產品也變得容易多了。只要上網搜尋，就能按商品種類找到許多製作相關產品的公司。

如果你覺得尋找公司、聯絡、比價和議價的過程很繁瑣，那麼以下我介紹的平臺將能給你很大的幫助。

1. Marpple

可以將自己親自設計的圖案製成筆記本、明信片、手機殼、服裝、裝飾品、滑鼠墊、圍巾、帽子、鞋子、包包、毛毯、靠墊等各種商品。執行方式也很簡單，不須另外安裝程式，只要將圖案上傳到平臺提供的線上工具，再設定想要的位置和大小即可[18]。

2. With goods

平臺提供可以輕鬆設計商品的線上工具，與Marpple的不同之處在於，製作的商品可以直接在With goods上銷售，但是與Marpple相比，可以製作的商品種類較少。

18 臺灣大多偏向客製商品店，而非媒合平臺。類似商店可參考「可印客製」。

06 不須另設購物網，入駐平臺就好

以前想要創立線上購物中心，必須另外架設網站，但是現在沒有必要這樣，只要入駐平臺販售即可。這種流通平臺的市場很大[19]，種類也多，所以與其羅列所有的平臺，不如從用戶的視角出發，以經營方法和類型的不同進行分類介紹，以便大家更容易理解和區分。

1. 經營方法

- 進貨銷售：從製造商或大型經銷商批發或零售商品後銷售。
- 寄售：不批發零售，只經營並宣傳無庫存商店，在接受訂單後，將訂單交給製造商或委託相關企業處理後再寄送。
- 國外代購：將國外線上市場的商品上傳到自己的商店，接到訂單後，從國外網站購買商品，再寄給顧客。與寄售一樣是以無庫存的形式營運。

2. 平臺類型

• 公開市場：入駐Naver智慧商店、Coupang、G Market、Auction、11號街等線上流通網站進行銷售。申請門檻低，上手容易，手續費也低。但是入駐後要負責寄送、應對顧客等所有的銷售和物流。

• 團購：入駐TMON、薇美鋪等線上團購平臺銷售商品。這些平臺多半銷售消耗性生活必需品。雖然是團購，但是現在與公開市場沒有太大的差別。

• 綜合商城：入駐樂天、GS商城、新世界商城等大企業綜合商城銷售商品。與其他類型相比，入駐難度大，手續費高，但商城會負責顧客應對及服務。

19 臺灣可參考：露天拍賣商城、momo購物網、蝦皮等。

07 直接與人見面的線下活動

我們在線下，也可以利用不精熟的才幹展開各種活動。以下介紹能幫助舉辦線下活動的平臺。

1. Trevari

口號為「用閱讀、書寫和對話變親近」，是以讀書會為主的平臺[20]。現在雖然仍保有讀書會的性質，但是除了書籍之外，也可以開設棒球討論、文理組交流、一起散步等各種主題的聚會。Trevari 實施的是收費會員制。

2. Onoff Mix

正如平臺的名稱，可以共享並開設線上和線下混合的活動[21]，活動不集中在特定領域，從教育、研討會、會議、演講到藝術活動，範圍非常廣，多為與地方自治團體有關的聚會。

3. Creator club

這是一家名為「為熱情加油」的企業發起的聚會平臺，以社會沙龍的形式進行，可以在平臺開設分享興趣的聚會。任何人只要願意，都可以透過這個平臺獲得場所和空間。原則上不公開年齡和職業，如果想見不同職業的人相當推薦[22]。平臺實行收費會員制。

4. Bookk

如果不想在網路上發表自己的文章，而是直接在線下舉辦出版活動，那麼我

20 臺灣可參考「書粉聯盟」。
21 臺灣類似的平臺為「Eatgether」，聚會內容包山包海，偏交友性質。
22 臺灣可參考「IOH」。

推薦使用此平臺，因為可以幾乎不花任何費用就製作書籍[23]。圖書不提前印刷，而是在接到訂單後按件印刷並寄送。平臺可以根據需求設定書籍規格、封面材質、書腰等圖書製作所需的一切。

另外，平臺也提供多種模板和幹練的設計，所以人人都能用低廉的價格出版書籍。

到目前為止我所提供的平臺，大家不一定只能選擇一種，而是可以用不同的平臺開啟不專業才能運用之門。例如，YouTube 經營得好，就有機會寫書。也有出書的作家成功經營 YouTube 或 Podbang。

我就是如此，我從線下活動開始進行演講和寫作。如果我一開始不進行線下展覽，而是以藝術為主題寫文章或拍影片上傳，那麼就無法輕易打開大門。

如果你是站在鏡頭前更自在又表現自然的人，卻用文字表達自己的能力，那麼可能很難成功。相反的，擅長寫作的人卻想經營線下聚會，那也很難持續，所以應該尋找適合自己的平臺和經營方式。

如果**選了之後發現不適合自己，可以更換，重要的是簡單、快速並大概嘗試**

一下。畢竟，知道自己想做什麼，並了解該怎麼做，與只是單純為了追求成功而跟風是不同的。

不論是經營臉書粉絲頁，或拍攝影片並上傳到YouTube，希望大家都能帶著自己的這份能力，自在的穿梭於我之前介紹的眾多平臺上。你可以利用Trevari組織聚會，直接和人見面，透過這樣的活動建立並設計屬於自己的標誌，再利用Marple平臺製作周邊產品，並在Naver智慧商店銷售。

我相信每個人都能透過不同的平臺，盡情發揮自己那不專精的才能。

23 臺灣目前類似的有電子書自製出版平臺：Pubu、Readmoo讀墨等。

08 善用編輯工具，豐富個人網頁

無論選擇什麼樣的平臺，基本上都需要「設計」，即使只是入駐智慧商店銷售商品，也需要放入照片並進行編輯。在編輯影片時，不僅要考慮如何剪輯，也要思考字幕字體的排列和中間要插入的照片等。

寫文章有時也需要匯入圖片。這時候，沒有設計經驗的人可能會很迷惘。別說使用 Photoshop 或 Illustration 了，就連修正和調整照片的顏色可能都有困難，但是沒有必要擔心。只要看以下內容，就可以非常輕鬆製作出一般水準以上的圖片或設計。

以前編輯設計需要買特定軟體，也必須學習各種編輯方法，但是現在只要登入網站就能進行簡單的設計。從 YouTube 縮圖到網頁海報、卡片新聞、標誌、簡歷、網頁橫幅、活動視窗等，這些都只需要點按幾下就能製作完成，即使你完全不會設計也沒關係，只要知道這些工具，你就可以做出你想要的圖片。

1. Miricanvas

是韓國代表性的線上設計工具[24]，無須擔心費用就可以使用，沒有必要另外安裝或下載應用程式。只要登入，大部分的服務都可以免費使用。由於沒有浮水印或著作權問題，所以也能用於商業用途。

而且可以把自己製作的作品以PDF、JPG、PNG等多種形式儲存，也提供各式各樣的模板和原始碼。除此之外，還可以製作數十種印刷用設計。以二〇二一年四月為基準，Miricanvas累積用戶突破兩百萬名，其人氣和實用性得到了充分證明。

2. Canba

Canba也可以像Miricanvas一樣以多種形式儲存，但是收費和免費的模板有

24 臺灣可參考：Fotor、Canva、Vivipic（臺灣本土平臺）。

很大的差異，五萬多個模板中只免費提供六千多個。免費使用並不意味著有浮水印或廣告，但是與 Miricanvas 相比，韓文字體和模板限制較多。

由於是國外的網站，所以用英文才能搜尋到更多原始碼。

3. Mangoboard

和前兩個工具沒有太大差別，但是免費使用時，成品會有該平臺的浮水印。

這三個線上設計工具都有各自的特點和優勢，所以大家可以先都看看後再選擇符合自己設計喜好的工具。

字體可以為設計打光

去高級餐廳用餐時，先映入眼簾的往往是燈光，看到充滿氛圍的照明，我們的心情會變得很好，這樣的燈光也能讓桌上的食物看起來更每位且高級。得益於照明，背景音樂和食物的味道似乎都更好了。

然而，如果餐廳的照明突然變成死板的白熾燈會如何呢？肯定會破壞氣氛。即使餐廳的裝潢沒有改變，但是換了燈光後，整個氛圍都會發生變化。

在設計上也有個要素扮演與照明類似的角色，那就是字體。雖然字體看似微不足道，卻有支配整個設計氛圍的強大功能。這真的不是我在誇張，只要有好的字體，圖片和內容就會看起來更加生動。

我們來看下一頁所舉的例圖。雖然是同樣的版型和內容，但是氛圍完全不同，原因就在於字體。字體是設計的基礎，設計看起來是幹練還是土氣，都取決於字體。

字體近來被視為審美要素之一，但是字體的首要目的是可讀性，所以藉由清晰的字讓內容更簡單易懂非常重要。因此，如果你想說的內容超過兩、三行，比起設計上變形較多的字體，建議盡量選擇乾淨的字體。

如果你想使用帥氣華麗的字體，最好只用在標題或需要強調的部分。

那麼，字體可以去哪裡下載呢？最近，各企業或地方自治團體都製作並發行特定字體。BMHANNA 字體和 BMDoHyeon 字體就是代表性例子。

雖然這些是企業或地方自治團體各自製作並使用的獨特字體，但無須一一查

計畫背景

許多人在（想做的事）和（該做的事）之間掙扎。

想做的事
喜歡的事
帶來滿足感……

該做的事
賺取生活費
社會價值觀……

然而，除非天生具備某個領域的卓越才能，否則
選擇自己想做的事會因為不安的未來和現實而擔心，
選擇做該做的事則會因為不是自己想要的生活而苦惱。

before

↓

after

計畫背景

許多人在（想做的事）和（該做的事）之間掙扎。

想做的事
喜歡的事
帶來滿足感……

該做的事
轉取生活費
社會價值觀……

然而，除非天生具備某個領域的卓越才能，否則
選擇自己想做的事會因為不安的未來和現實而擔心，
選擇做該做的事則會因為不是自己想要的生活而苦惱。

找並下載，韓國文化體育觀光部提供不用擔心著作權的「安心字體」文件。

文化體育觀光部安心字體文件，是韓國著作權委員會以及韓國文化資訊院從各著作權人那裡確認，可以免費使用後核准使用的字體，所以不用擔心違反著作權法，人人都可以安全使用。該文件包含的字體超過一百二十種[25]。

好好利用符號

我們即使到了語言不通的國家也能馬上找到廁所，就是因為廁所門口貼著「符號」。比起十句話，一個符號往往能更有效傳達更多資訊。

企劃案或企劃書的核心是摘要，摘要的關鍵在於如何有條不紊的傳達大量內容，所以有時光靠文字很難完整表達，也因此在製作企劃案時，符號也能發揮如魔法般的效果。

符號在設計簡單的圖片時也非常有用。以下介紹可以不用擔心著作權，無須

25 根據臺灣經濟部智慧財產局表示，臺灣目前無相關檔案供民眾下載。

登入，只要簡單搜尋就可以下載符號的網站。

1. Flaticon

有普通下載和進階下載版本。普通下載無須登入就可以直接下載，進階下載則需登入和付費。該網站有相當多可以免費使用的符號，雖然是免費，但是品質也很高。

2. Freepik

分為普通下載和進階下載版本。因為有許多可以免費使用的符號，所以可以搜尋關鍵字後使用。

3. Iconmonstr

專門提供黑白符號。共有三百多個分類，提供四千多個免費符號。無須登入即可簡單下載。

除了以上三個網站，還有很多免費經營的符號網站，但是大家沒有必要全部知道，只要知道這三個網站，就能充分找到想要的符號。不需要登入，品質好，還可以免費使用。

再告訴大家一個祕訣，雖然在需要用到時搜尋也可以，但是我建議有空時就搜尋並提前下載。所有的符號都可以用於個人或商業用途，但是用於商業用途時，最好查明來源。

尋找圖片

如果你精心製作的內容因為一張錯誤的圖片而無法使用，心情肯定會不好，所以使用圖片時，請記得好好搜尋是否有著作權問題再使用。以下介紹幾個不錯的網站。

1. Unsplash

可以免費使用自然、人物和城市等多種素材的照片，照片品質也很高。由於整體色彩和構圖不浮誇，所以適合用在各種內容中，也不需要匯入，只要輸入關鍵字後點按照片下載即可。

2. Pixabay

是最廣為人知的免費版權圖片網站。雖然圖片品質低於Unsplash，但是除了照片之外，還可以獲得插圖、設計圖和素描等多種圖片。

09 好好利用政府補助

如果你想開發並經營不那麼專精的才能，可能會需要空間或高價的拍攝器材。又或者你想進一步學習並了解副業相關的資訊時，也許不知從何找起。這時，有些政府的政策和相關機關將會有所幫助。

隨著創作者逐漸成為一種職業，很多與此相關的政策也陸續出現，但是目前仍集中在個人媒體的支援上。由於自媒體是開發並利用這種才能的重要選擇之一，所以如果能多加了解政府的政策和方向，肯定會有幫助。

二〇一九年，韓國科學技術資訊通訊部發表了自媒體產業活化方案。政府的報導資料顯示，該政策的主要內容是透過提供因5G時代而崛起的個人媒體相關的系統性政府支援，以培養創意性的工作職位和媒體產業。

另外，政府還強調將建構自媒體創作全面支援體系，內容是藉由公開比賽和專業教育指導挖掘創作者，再透過支援設備和提供諮詢支持其創作，並提供能增加收益的流通管道和海外行銷支援。

另外，順應這種趨勢，市場上也出現了一人創作者可以租借的拍攝和編輯空間，以及共享辦公室等媒體創作中心和工廠。此外，電波廣播通訊教育院也改制並新設了培養自媒體專業人才的教育課程，還串聯全國智慧媒體中心及觀眾媒體財團等，實施在各地區培養自媒體創作者的教育。

二〇二〇年還舉辦了不限參加資格的「一人媒體創作集團培養事業大賽」。透過韓國電波振興協會的協辦，最終在全國三個區域選出一百五十三個小組，並提供媒體專業教育、指導、網絡、內容製作等支援，同時頒獎給優秀團隊。今年則宣布進一步加強對這種單人媒體的支持。

在觀察政府推進的政策方向時沒有必要連具體的事項都一一了解，只要確認哪個單位制定何種政策，以及實際上自己可以申請的領域是什麼即可。

從之前的內容來看，韓國傳播振興協會和韓國廣播通訊傳播振興院，正在履行科學技術資訊通訊部這一中央部門提出的政策方向。

另外，智慧媒體中心、觀眾媒體財團、Bitmaru 廣播支援中心等機構也正在實施具體的計畫。智慧媒體中心不僅在首爾，也在京畿、大邱、光州、慶北和全北經營中心。

觀眾媒體財團也在全國各地經營十多個中心[26]。想要使用這些資源的人可以選擇居住地附近的中心，就能租借設施及器材，並得到教育支援。

單人媒體創作中心Bitmaru廣播支援中心位於一山，開放小型工作室和編輯室等可以拍攝和編輯內容的空間。只要填寫網站的申請表格，並以電子郵件寄送，人人都可以免費使用一人媒體工廠。

與科學技術資訊通訊部不同，文化體育觀光部也制定了一人創作和文化內容創作活化政策，並由相關機關實施。「ContentsKoreaLab」就是其中之一，這是文化體育觀光部和韓國文化資訊振興院設立的空間。

設立宗旨就是培養內容創作者。培育對象不僅是企業、集團，還包括個人。在文化資訊韓國實驗室中心提供一人創作所需的空間、法律諮詢、教育和設備。在京畿、仁川、釜山、慶北、忠南、全北、大邱和光州均有經營中心，並計畫繼續

26 臺灣類似的團體參考：社團法人台灣自媒體產業發展協會。

擴大。

雖然我們不能只專注政府政策，但是有必要不斷觀察自己是否有可以利用的政策支援事項。此外，各地方自治團體及中小機關，正在進行一人媒體相關的招募比賽和支持計畫，只要定期搜尋相關新聞，一定會有很大的幫助。

10 這些人都用我的商業模式賺錢

如果你的能力是利用之前介紹的平臺也無法實現，比如想開一家書店、想經營咖啡廳或種田的話，那該怎麼辦呢？另外，若能藉由開發不專精之才能，在年薪協商中占據有利地位該有多好？

如同我們拓寬觀點，重新審視這才略並訂下主題一樣，在經營不精通的才能的方式上，只要稍微改變一下想法，就能看到新的路。

假設有人生平第一次看到雞蛋和雞，所以給他看雞蛋時，他不相信那會變成雞，甚至會懷疑並反問：「那麼硬又小的東西能成為生命體嗎？裡面只有黏呼呼的液體，以及像球一樣的團塊，怎麼有辦法變成有喙、毛和眼睛，並發出聲音且能飛起來的動物呢？」但是我們已經知道雞蛋會變成雞了，所以認為這是理所當然的。

如果你是知道雞蛋最終會成為雞的人，那麼在得到雞蛋時，自然會知道該怎麼孵化它。你會調整適合孵化的溫度，如果周圍有雞，你也會誘導雞孵蛋。然而，不相信雞蛋會變成雞的人，要麼會把雞蛋打碎做料理吃，要麼就是放著不管。

這樣的觀點，會隨著時間的推移產生巨大的差異。從雞蛋裡孵出來的小雞長大後變成雞，那隻雞又會生雞蛋，並孵化成另一隻雞，但是如果直接把雞蛋煮來吃或放置不管，就只會成為一道吃了就會消失的菜或浪費了一顆蛋。

這兩種觀點的差異在於，不相信的一方只相信自己已知的東西，而這樣的觀念會對其造成碩大的阻礙。

假如你想讓書賣得更好，該怎麼做？如何讓更多人購買割草機？大部分的人都會回答應該製作有趣且有益的書籍，或是耐用便宜的割草機。將人類的心理與PR相結合的PR大師愛德華．伯內斯（Edward Bernays）曾這樣說：

「如果你想賣割草機，還不如舉辦購買有草坪房子的活動。在賣書之前，我們應該讓人對有書架的客廳抱有幻想。」

這是讓人不由自主點頭認同的話。雖然仔細想想，這也不是什麼特別的概念，只是一般人不會想到那麼單純的方法，他獨特的觀點和執行力也造就了新的飲食習慣。

他在一九三〇年代將美國的早餐菜單，改為在吐司上加培根和雞蛋。另外，美國中產階級的客廳裝飾也因為他換成了書架。得益於他新奇的觀點和實踐能力，培根、雞蛋企業和出版社都得到了很好的宣傳效果。

雖然這是任何人都能想到的方法，卻不是一件容易做到的事。而且，第一個想到並實踐的人能獲得更多機會。

本節的核心是，將看似簡單易行，卻很難想到的觀點和執行力與不純熟的能力結合，並說明如何在沒有平臺的幫助下，嘗試實踐自己不專業的才能，並且不受限制的進行，同時得到想要的結果。

最重要的是，我將提出如何以很少的費用和努力實現看似不可能的計畫。用三十萬韓元可以經營咖啡廳嗎？不用三十萬韓元，只需要十萬韓元就夠了。如果你夠特別，你有可能比花費數千萬韓元的店鋪更能成功經營咖啡廳。

在正式開始解說前，我想先介紹一個人。

薩米耶・德梅斯特（Xavier de Maistre）是一七六三年出生的法國作家，因為反對法國革命，他逃到了俄羅斯，之後成為俄羅斯軍隊的將軍。

一七九〇年，他因為與軍隊軍官進行非法決鬥而被軟禁四十二天。然而，據說他在此期間寫出非常獨特的書。他在軟禁時期去旅行，並寫了一本關於旅行的書。他是如何在軟禁時期旅行的呢？

因為他無法離開家裡，所以在自己住的房間裡旅行。一七九四年出版的書就取名為《在自己房間裡的旅行》（*Voyage autour de ma chambre*）。大家都覺得旅遊就是離開熟悉的地方，前往陌生的地方。

但是我們對某些事物感到陌生並不是因為環境的變化，而是源於觀點和思考的變化。

如果你明天馬上辭職，相信原本熟悉到看起來沒什麼特別的辦公室，也會突然讓你陌生到感覺新鮮。和暗戀的人表白成功後，回家的路相信感覺會和平時不太一樣。就像這樣，即使身體沒有遠行，用不同的視角享受日常生活，也可以成為旅行。

實踐這個觀點的人就是薩米耶。他究竟是如何在房間裡旅遊呢？

「我在長度是三十六步的房間緊挨著牆走。但是我的房間旅程會比這個更長。因為我不會遵守任何規則和方法，而是盡情馳騁穿梭。」

這是書中的部分內容。他觀察房間的結構，和房間裡的東西聊天並想像各種物品的故事。他感嘆桌腳，看著床思考生與死；他將沙發當成馬車，並與肖像畫中的人物成了朋友。

他藉此寫下四十二篇旅行散文，我們可以從文章中看出他的愉快和驚訝。

這正是我們現在需要的觀點。

多數想開咖啡店的人，在計畫時都只考慮數十坪的店。一想到種田，一般人只會想到數百坪的土地。我們通常很難擺脫這種思考框架，並因此馬上斷定自己做不到。

然而，只要脫離這種框架的束縛，也許你會發現僅用三十萬韓元，就可以用自己想要的主題和方式開間不錯的咖啡廳、只用三萬韓元也能經營書店，達到自己想要的成果。

為什麼呢？因為人人都有自己獨特的不專精才能。讓我們用具體的事例分析一下。

分析、借用、轉換

我將「不專精的才能運用法」寄給在釜山設計公司上班的大學同學，沒過幾天他就聯絡我了。

「相勛啊，我按照你說的做了，我有很多不知道可以做什麼的能力，透過你給的方法整理後得出結論，只有經營咖啡廳才能展現我那不純熟的才能。我有信心只要邁出第一步就能堅持到底，但是現在的問題是該如何開始？我沒錢，需要上班，還要還債，所以真的很害怕……。」

大學同學以「咖啡店＋冥想」為關鍵字制定了最初的概念。為了實現他建立的概念，他需要擺脫線上或線下的一般平臺和方法，直接經營咖啡廳。但是他該怎麼做呢？

方法其實很簡單。就像我們買自己想要的車時，沒有必要用現金購買，而是可以租借一樣。如果想經營一家不錯的咖啡店，直接簽訂店面租賃合約，裝修得漂漂亮亮後營運並不是唯一的方法，也可以借用咖啡廳。

聽到我這麼說，多數人應該會有以下的想法：「誰會好端端的把整間咖啡館借給你？」

相信我，真的會有人借給你。究竟是誰，又為什麼要借？你知道韓國有多少家咖啡館嗎？KB金融控股經營研究所發表的〈咖啡專賣店現狀及市場條件分析〉報告書顯示，以二〇一九年七月為基準，全國共有七萬一千家咖啡廳。

這真是一個龐大的數字，即使去除大型咖啡連鎖店，也有很多個人經營的咖啡店，這意味著新出現和消失的店都很多。

在同一份資料中，以二〇一八年為基準，一年新創的咖啡專賣店有一萬四千家，倒閉的店鋪就有九千家。這些打算關店的店家中，有些儘管合約還沒跑完，但是仍因經營困難決定放棄，所以他們應該會認為比起繼續開生意不好的店，向想要店鋪位置的人收取一定金額租借出去反而更有利。

我並非要朋友馬上就簽訂轉租合約，我想說的是，用自己的少量資金也有可能經營咖啡廳。我認為朋友可以透過這種方法在各商圈的多種咖啡廳裡，實踐自己的想法（咖啡館＋冥想），也可以學到更多東西，並實現賣咖啡賺錢的夢想。

或是稍微扭轉一下方向，不是直接透過咖啡獲得利潤，而是可以拍攝或記錄經營咖啡廳的過程，開發出如「一年內，經營過十家咖啡店的設計師所說的，咖啡店經營之道」等吸引人的內容。

看到這樣的主題，自然能激起人們的好奇心：「一位設計師居然在一年內經營了十家咖啡廳？」

我向這位朋友講述了上述方法。只要透過線上社群或房地產仲介，找到願意短期出租的咖啡廳，就會為解決問題奠定基礎。也就是說，僅需這種程度的辛苦和努力，就能大大減少投資數千萬韓元的費用負擔和風險，朋友也能藉此進一步擴大相關的經驗深度和廣度。

聽了這些建議後，朋友透過熟人的介紹，一週內就以三十萬韓元的價格，在自己居住的社區租到八坪的小咖啡廳，每天晚上營運。三十萬韓元還包含了咖啡豆、紙杯和吸管等所有用料的費用，所以在一週內就創造出收益。

他以這樣的經驗為基礎，不斷修正並完善自己不精通的才能和概念，同時尋找下一間咖啡廳。

有另一個朋友則夢想徒步穿越國土。他畢業於體育大學，再加上從特種部隊退伍，所以擁有體力上的優勢，也對走路這件事充滿自信。

他對國土縱貫的最初構想是「國土縱貫＋動物」，他在分析自己的 YouTube 影片觀看紀錄後，發現不僅是貓狗，他還非常關心且喜歡鳥、魚、家畜、昆蟲、爬蟲類等各種動物和自然生物，也因為平時經常接觸動植物，所以他擁有比一般人更多的相關資訊和知識。

更具體的說，他想從首爾步行到將近五百公里路程遠的釜山，並拍攝沿途的各種動植物後出版。在縱貫國土這一平凡的夢想，或「走路」這個看似很一般的能力上，他結合了「動物」這個關鍵字，創造了獨特的概念。

但是這依然存在問題。從首爾到釜山要步行近五百公里，若每天走三十公里，至少需要半個月以上的時間。身為上班族的朋友，現實考量上不可能休假一週以上。他在遇到這個困難時向我諮詢。

然而，解決方法出乎意料的簡單。如果主要目的，是在縱貫國土的過程中記錄動植物，那麼沒有必要一次實現吧？五百公里的路途，如果每五十公里切成一段，分十次走，那麼訂好十個地點，各自在不同的日子去一趟不就可以了嗎？

如果是這樣，隨著季節變化，朋友還能看到更多動植物的改變，出版物的內容也能因此更充實。

再來看另一個例子。同期進公司的同事中，有人非常關注俄羅斯，大學還主修諾貝爾文學，他不僅經常去俄羅斯旅行，也很喜歡俄羅斯作家。雖然他現在成為普通上班族，從事與俄羅斯完全無關的工作，但是似乎一直關注俄羅斯和保持著喜愛。

某次，我向該同事詢問值得推薦的俄羅斯小說有哪些，於是，他生動的說明著名的俄羅斯作家、他們的著作、書寫時的歷史背景和特點。聽了他的解說，我感嘆如果他進行圖書策展，一定會做得很好！

他表示他想經營一家獨立書店，並希望向來到書店的人推薦他喜歡的俄羅斯文學。雖然獨立書店的想法不太可行，因為他沒有經濟餘裕辭職經營書店，但是我建議如果只是推薦俄羅斯文學，也許會有人感興趣。

這個建議勾起了他的新想法「策展書＋俄羅斯文學」。想到要經營書店，多數人都會認為需要有顧客可以造訪的空間，但是在這個時代，空間的概念並不侷限於線下，網路也是一個空間。

如果能建立乾淨俐落的網站，並在智慧商店註冊，經營每個月選定一本容易讀的俄羅斯文學，並向顧客發送的訂閱服務，就可以充分實現他的夢想。這樣就能在沒有費用負擔的情況下，持續利用不專精的才略賺錢。

如同上述各例子，我們可以用較少的費用經營咖啡館、設立圖書訂閱服務，還能在維持上班族身分的同時，不受休假限制盡情穿越超過五百公里的國土。

由此看來，**想實踐平時認為不可能的事情時，只要分析、借用、轉換、替代，都能找出實踐的方法**。最重要的是，要清楚自己有哪些不精通的才能，如果沒有這項前提，就算用本書介紹的方法執行也不會有正面的結果。

如果你已經透過我之前介紹的方法，找到專屬自己的能力，請記住：「聖誕老人無處不在！」不是沒有辦法實踐，只是你還沒找到。

11 因為不專精，我比別人領更高的年薪

「希望我能去到自己想要的部門，好緊張阿！」

「嗯，我也是……。」

我和大家一樣，被自己想要的公司錄取都會非常開心，但是錄取的激動和興奮，在部門分配時變成了擔心和恐懼。如果要選出在公司生活中，最焦慮且緊張的時刻，那就是第一次分配部門時。

進入公司後會進行一個月的新進員工培訓，以及為期一年的分店或分公司再造（on-the-job training，簡稱ＯＪＴ），之後就會分配部門。在我進入公司時，公司還錄取了許多新員工，所以我們在結束新員工培訓和現場實習ＯＪＴ後，都會透過面談確定想進入的部門。

面談的部門有企劃、供應鏈管理（Supply Chain Management，簡稱SCM）、商品MD（行銷總監，Marketing Director，簡稱MD）、業務支援、銷售管理、市場行銷、法務、會計和設計等。人氣部門總會聚集很多申請者，以辛苦聞名的部門則乏人問津。

部門分配會依據申請者的適應性、能力和該部門的人員現況決定，所以新員工被分配到理想部門的機率很低，也因此大家都很擔心。

我的第一志願是行銷部門，因為我聽了行銷工作的說明後，覺得那是很有意義的工作。另外，考慮到自己喜歡與人交流的活潑個性，比起在辦公室內工作，外部活動多且交流量大的部門更吸引我。

之後，**我如期被分配到想要的部門，並在理想的職位上工作達三年**。我認為自創的不專精才能運用法，對部門分配起了很大的幫助。正如前面所說，我的個性是外向的，但是即使有這種資質，通常新員工也很難在分店或分公司的銷售現場，負責宣傳相關的表演。

然而，如果懂得利用不專精的才能，那就另當別論了。此才能的核心是「side project」[27]，換句話說，就是在做好正職的同時，在工作以外的活動，運用不純熟的能力來實現自己的夢想。

因此，我規畫在公司外（負責的職務以外）發揮，做出與交流（宣傳）相關的表現，以證明我是擅長宣傳，且能做好溝通工作的人。因此，我申請了公司內部的報導業務，所以有了多次採訪和拍攝的經驗，並經常出現在公司內部的電視節目中。

另外，我還加入了能與公司各種職務的人頻繁接觸的子公司棒球隊，並且積極參與活動，試圖證明自己的能力。進入公司的第一年，我不僅對外宣傳了自己的藝術個展，還繳交宣傳提案書給負責公司報導的部門，並刊登在社內新聞上，連公司廣播也介紹了我的個展。

當然，這些都是我喜歡且享受的事，所以才能在愉快完成的同時向公司宣傳自己。

我整理了這些經歷，作為分配部門面談時的參考資料。當然，我不是只藉由這些活動進入理想的部門。部門也是考量各種條件和情況，認為我適合這個職務才提拔我的。

然而，如果只看我的背景，其實會認為我更適合電商MD職務，因為我有與網路購物中心相關的BM專利申請經驗、曾獲數位奧林匹克獎、在SK寬頻費用企劃組實習等與行銷沒有太大關係的經歷，所以我原本其實很難進入這個部門。

在這種情況下，我推測如果我沒有透過不專精才能的side project製作與行銷相關的活動資料，我絕對不可能進入這個部門。

有人可能會認為side project是取得成果的特殊方法，但是並非如此。利用自己擁有的非專業才能，可以進一步得到自己想要的職務，或提升目前工作的成果和專業性。

這麼做不僅能讓我們更熱衷工作，還可以利用這些本領自行提出課題並達成，作為吸引公司注意的方法。

舉個例子，A負責商品MD，但是他對能貢獻社會的職務較感興趣。即使告訴公司，他希望能轉換到負責相關工作的職位，也沒辦法馬上更換職務，因為他完全沒有客觀的證據證明，自己能做好社會貢獻。

如果迫切想轉換職務，他就必須提供依據。例如，若A組織並經營「上班族

27 正職工作以外的私人項目。

社會貢獻聚會」一年，還透過聚會舉辦志工和捐贈活動，那麼這將能成為A可以勝任社會貢獻職務的依據。

我希望大家不要誤會我的意思，上述內容的重點不是單純說明如何更換職務，而是想告訴大家，**每個人都可以努力做到，自己原先盲目認為不可能達成的事，並引導事情往自己想要的方向發展。**

先站在公司的立場上思考，如果看到一位不是負責社會貢獻的員工，抽出私人時間成立社會貢獻聚會，持續經營並取得成果，肯定會對這個員工感興趣吧！即使不能馬上幫A換職務，A也會成為公司優先給予機會的對象。

另外，我希望大家了解，在所有情況下都能證明自己的要領和方法後，進一步提高年薪。上班族的年薪協商往往只是形式上的討論，多數都是依據升遷狀況調整年薪，雖然偶爾會有獎金，但是戲劇性提高的情況並不多見。

那麼，我們該如何提高年薪呢？那就是創造自己要多拿年薪的理由。此時，多數人會表示自己的工作很難立即取得成果。尤其銷售和商品MD等，無法用數據證明的支援性質工作或人事領域更是如此。但是，這樣的業務也是有提升年薪的可能。

請想像一下你的職務是人才開發，那麼你在公司內部能表現的範圍是有限的。然而，如果你能利用不專精的才能運用法來擴大表現範圍，情況就不同了。

例如，與三十名左右的競爭公司人才開發負責人見面進行採訪，並將這樣的過程和訪問整理成自己的東西後分享給公司如何？如果採訪三十個人太多的話，就減少到十人吧！或者將目標縮小到十大集團的人事負責人，我想這應該會是非常有趣的內容。

把方向定為同業人才開發負責人也不錯。當然，透過這些過程獲得的結果，不會進入自己的關鍵績效指標（Key Performance Indicator，簡稱KPI）。儘管如此，如果將自發性的計畫成果分享到公司內部，那麼在協商年薪時，這無疑會成為加分因素。

另外，如果持續累積這樣的活動，也許能創造出公司難以想像的成果，並訓練自己成為懂得主導工作的人。不專精才能運用法比想像中堅固且強大，同時也是賺錢的最強武器。所以不僅是公司外部，請在公司內部也運用這個能讓你發光的武器吧！

12 正式販售前，記得試營運

如果想用不精通的才能在短時間內賺錢，我們該怎麼做？首先要把自己的才華變成單品，何謂製作成單品？最近的環境讓大家都可以輕鬆交易才能。

除了我之前介紹的翻譯、設計、編輯和網頁開發等自由業者的領域之外，我們還能銷售各式各樣的才能。

像是上傳好看照片到ＩＧ的方法、讓乾瘦的男子變壯的方法、母胎單身也能交到異性朋友的時尚指南、職場生活禮儀、一千韓元的電話諮詢、價值兩千韓元的人物畫、用五百韓元就能完成的修照片服務等，這些不足以出書或製作成豐富內容的個人瑣碎、多元的才能，也可以用非常小的單位商品化並銷售。

單品製作意味著將才能分成小單位，製作成個別商品。一個文件、一部影片、一次諮詢、一次講課、一次服務等，如同重新包裝工廠大量生產的餅乾，以小包裝的方式陳列在超市供顧客選購。

我有一位朋友曾在法國做過一年導遊，所以他正準備利用這個經驗，組織分享法國文化、歷史和美食餐廳的聚會。他該如何在共享平臺上推銷自己的才能？很簡單，只要將自己知道的法國旅遊勝地、餐廳、文化、禮儀、設施位置等知識，都製作成個別商品即可。例如，他可以將主題為「在法國的任何餐廳點餐都零失誤的方法」製作成文件，以一千韓元的價格出售。另外，還可以將主題為「一整天不花錢享受的巴黎旅遊路線」製作成三個PPT檔，以三千韓元銷售。

另一位朋友在三個月內減了十二公斤，並且維持一年沒有復胖。他的減肥祕訣非常簡單，而且他在減肥時，做的運動也不需要另外買運動器材，所以能不感到負擔，很快就下定決心實踐，運動的時間和地點限制也不太受限。

這項運動就是「爬樓梯」。據那位朋友所說，人體中能排出最多代謝廢物，並消耗最多熱量的肌肉就是大腿和下肢，可以讓人隨時都毫無負擔做的下肢運動就是爬樓梯。那位朋友計畫把十二種有趣的爬樓梯方法，整理成文件並販售。

我在當兵時認識了一位同梯，至今仍保持聯絡，他的興趣是學習魔術。雖然沒有喜歡到會參加比賽的程度，但是他知道很多只利用硬幣和繩子等，日常生活中常見的物品就能變出的有趣魔術。

每次相親或聚會尷尬時，他都會利用自己學到的魔術緩和氣氛。因此他想製作並銷售「讓相親氣氛一下子熱絡起來的五種硬幣魔術」影片。

如同上述，我們可以把自己的多元想法或不純熟的技能變成單品，讓所有人都能買到。

如果你下定決心**透過共享平臺或各種服務銷售自己的才能，一定要有會讓人好奇的內容**。如同餐飲業專家會建議餐飲創業者，即使只是短暫開放給親朋好友，**也一定要試營運**。

客人都是客觀且殘酷的，如果食物和服務不夠好，他們就會毫不留情的離開；若出菜太慢，先出菜給較晚來的客人，或者老闆和員工都手忙腳亂，客人們也許嘴上會說：「嗯，畢竟剛開店，可以理解。」但是可能再也不會來消費。

換句話說，客人是監考官，餐廳創業者則是在考官面前考試的學生。因此，在進行正式測驗之前，先考模擬考將會有很大的幫助。透過試營運，即使出現失誤，也能藉由得到朋友們的回饋，獲得改善的機會，這一點非常重要。

加上試營運並非正式營業，所以顧客們也會較包容員工們的失誤，並針對他們希望改進的事項進行回饋。例如食物的味道、上菜時間、氛圍、服務動線等，他們可以毫無負擔的說出整個餐廳的優點和缺點。

有些老闆延遲正式開業時間，就是為了透過試營運得到反饋，因為獲得朋友們的評價並改進的過程，將會成為很大的力量。你也可以在運用這才能一、兩天後，先賣給朋友或試營運一下，肯定會有很大的幫助。

結語
即便不完美，也能增加一公克的幸福

「喂，你不買車嗎？」

「坐地鐵就可以了，沒必要買。買了車不管去哪都要煩惱停車的問題，還要擔心一堆東西，我不喜歡。」

我剛進公司，周遭的人就問我要不要買車。我的反應都是消極的，因為我對汽車沒興趣，也覺得沒必要，所以我上班後幾年都沒有車。後來被調到外勤較多的分公司才買了便宜的車。

開車代步一陣子後，我察覺到了乘坐大眾交通工具時，不會知道的部分。在開車代步之前，如果要出門，我必須考慮出發時間、路線以及來回搭乘大眾交通工具的時間，並認真排行程。

如果行程沒安排好，就必須延後與他人的約定，或花很多時間處理預定好的事務。不論去哪，無論公共交通是否完善，我都要小心翼翼。

但是，自從有了汽車後，這些限制大大減少了。如果有需要馬上去的地方或要見的人，只要換好衣服就可以出發。如果是以前，我猶豫和煩惱的時間，可能都已經能與約定對象見面再回來了。

我買車後，感到高興的是可以更自由的去我想去的地方，和想見的人見面，並且能主導行程。這讓我覺得比沒有車的時候更幸福。

從這個角度來看，幸福與主導權有很深的關係。換句話說，將金錢、關係和健康等生活各方面的要素，引導到自己想要的方向，就能擁有幸福的生活。即使擁有再好的房子和車子，如果不能盡情使用，也不會感到太大的喜悅。

我們拚命想買房子，就是為了享受居住的主導權和自由；上班並努力拚升遷，也是為了提高自己在組織內的影響力和主導權。

網路上某個討論區內，有一則「羨慕富二代的理由」的貼文成了熱門話題。其實，我們羨慕別人有金湯匙的理由，不是因為他們穿著昂貴的名牌或收集超跑，而是隨時都可以重新開始的自由。

他們即使三十多歲，結了婚還有了孩子，也可以毫無顧慮的出國念研究所，學習想學的東西，並運用自己的背景毫無負擔的體驗和挑戰新事物。這些都與生活的主導權有關。但是，難道我們就只能羨慕有錢人嗎？

我們難以像擁有金湯匙一樣有著輕易改變一切的選擇權，但是並不是只有金湯匙才能重新開始。即使沒有金湯匙，我們也可以朝著自己想要的目標前進。

雖然喜歡音樂，但是因為現實放棄夢想，只能成為一般上班族的人，也可以發行唱片並站上舞臺；因為喜歡畫畫，所以想在漂亮的畫廊辦一次個展的主婦也能實現願望。

到目前為止，我們已經充分了解製造這種可能性的方法，透過這些方法，即使我們不具備完美的條件，也可以增加一公克的生活主導權，並藉此接近幸福一公釐。

過去的我，想在我的生活中做點什麼時，最後都會選擇逃避，因為我總是認為情況不允許或自己做不到，所以把夢想埋在心裡裝作沒這回事。但是現在的我已經有所不同，讓我們一起試著將放在心中的種子萌芽吧！

請在腦海裡想像一下，有人拿著昂貴的 MacBook，他只看著螢幕和鍵盤，單純的輸入文字和數字，也就是說他只用 MacBook 來寫日記和計算。如果你看到這樣的景象，應該會覺得惋惜。

因為只要連接網路並安裝各種程式，就可以做更多事，例如用來做生意、和美國的朋友聯絡，或聽學校課程。從表面上看，MacBook 只有小小的螢幕和鍵盤，但那卻是創造巨大機會和可能性的工具。

我們那稱不上專業或看似沒用處的能力也是如此，這些以往被視為消遣的愛好和興趣，是實現我們夢想的強力賺錢武器。請大家想想自己手中的武器有多麼強大，並在闔上本書後馬上展開行動吧！

國家圖書館出版品預行編目（CIP）資料

不專精，讓我更多薪：比起專業，人們更願意爲「眞實」買單。韓國最強上班族的「不完美更暢銷」賺錢模式。／尹相勛著；陳宜慧譯. -- 初版. -- 臺北市：大是文化有限公司, 2023.3
256面；14.8×21公分. --（Think；248）
譯自：애매한 재능이 무기가 되는 순간-어제 쓸모없던 능력이 내일은 빛이 되는 마법
ISBN 978-626-7192-97-9（平裝）

1. CST：自我實現 2. CST：成功法

177.2 111019457

Think 248

不專精，讓我更多薪

比起專業，人們更願意為「真實」買單。
韓國最強上班族的「不完美更暢銷」賺錢模式。

作　　者／尹相勛
譯　　者／陳宜慧
責任編輯／江育瑄
校對編輯／林盈廷
美術編輯／林彥君
副 主 編／馬祥芬
副總編輯／顏惠君
總 編 輯／吳依瑋
發 行 人／徐仲秋
會計助理／李秀娟
會　　計／許鳳雪
版權主任／劉宗德
版權經理／郝麗珍
行銷企劃／徐千晴
行銷業務／李秀蕙
業務專員／馬絮盈、留婉茹
業務經理／林裕安
總 經 理／陳絜吾

出 版 者／大是文化有限公司
臺北市 100 衡陽路 7 號 8 樓
編輯部電話：（02）23757911
購書相關資訊請洽：（02）23757911 分機122
24小時讀者服務傳真：（02）23756999
讀者服務E-mail：dscsms28@gmail.com
郵政劃撥帳號：19983366　戶名：大是文化有限公司
法律顧問／永然聯合法律事務所
香港發行／豐達出版發行有限公司 Rich Publishing & Distribution Ltd
地址：香港柴灣永泰道 70 號柴灣工業城第 2 期 1805 室
Unit 1805, Ph. 2, Chai Wan Ind City, 70 Wing Tai Rd, Chai Wan, Hong Kong
電話：21726513　傳真：21724355
E-mail：cary@subseasy.com.hk

封面設計／林彥君　內頁排版／思思
印　　刷／鴻霖印刷傳媒股份有限公司

出版日期／2023 年 3 月 初版
定價／新臺幣360元（缺頁或裝訂錯誤的書，請寄回更換）
I S B N／978-626-7192-97-9
電子書ISBN／9786267251195（PDF）
9786267251201（EPUB）
